Malte Hossenfelder

Epikur

Verlag C. H. Beck

1. Auflage. 1991
2., aktualiserte Auflage. 1998

Originalausgabe

3., aktualisierte Auflage. 2006

Gesamtherstellung: Druckerei C. H. Beck, Nördlingen
Umschlagentwurf: + malsy, Willich
Umschlagabbildung: Büste, ca. 270 v. Chr., Paris, Musée du Louvre
Foto: Erich Lessing/akg-images, Berlin
Printed in Germany
ISBN-10: 3 406 54122 4
ISBN-13: 978 3 406 541223

www.beck.de

Inhalt

Abkürzungen

Ar. = Aristoteles
- NE = Nikomachische Ethik
- Phys. = Physik

Cic. = Cicero
- Fin. = De finibus bonorum et malorum
- ND = De natura deorum
- Tusc. = Tusculanae disputationes

DL = Diogenes Laertius, Leben und Meinungen berühmter Philosophen

Epikur
- Her. = Brief an Herodot
- Men. = Brief an Menoikeus
- Pyth. = Brief an Pythokles
- HL = Hauptlehren

GV = Gnomologium Vaticanum Epicureum

Horaz
- Ep. = Epistulae

Is. = Speusippo, Frammenti, ed., trad. e comm. a cura di Margherita Isnardi Parente, Neapel 1980

Lucr. = Lukrez, De rerum natura

Man. = Aristippi et Cyrenaicorum fragmenta, ed. E. Mannebach, Leiden/Köln 1961

Platon
- Phil. = Philebos

Plut. = Plutarch
- Non posse = Non posse suaviter vivi secundum Epicurum

Seneca
- Ep. = Ad Lucilium epistulae morales

Sext. = Sextus Empiricus
- M = Adversus mathematicos
- PH = Pyrrhoneae hypotyposes

Stob. = Ioannis Stobaei anthologium, rec. C. Wachsmuth et O. Hense, vol. I–V, Leipzig 1884 ff. ([3]1974)

Us. = H. Usener, Epicurea, Leipzig 1887. (Ed. ster. Stuttgart 1966)

Wie üblich werden zitiert: Platon nach der Ausgabe von Stephanus (Paris 1578), Aristoteles nach der Ausgabe von Bekker (Berlin 1831 ff.), Plutarch nach der Ausgabe von Xylander (Venedig 1560 ff.), die übrigen antiken Autoren nach den obengenannten Ausgaben, sonst nach Buch und Paragraph bzw. Vers.

Vorwort

Epikur ist sicher einer der populärsten Philosophen der Geschichte, nicht in dem Sinne, daß er besonders angesehen und beliebt wäre, denn da müßte man ihn eher unpopulär nennen; vielmehr meine ich mit „populär", daß nicht nur die wenigen Fachgenossen ihn kennen, sondern jeder einigermaßen gebildete Abendländer seinen Namen schon gehört hat und weiß, wo er ihn einzuordnen hat. Das ist freilich in der Regel das Falsche oder doch nur bedingt richtig. Epikur gilt gemeinhin als der Inbegriff des Hedonisten, und dabei wird unter einem Hedonisten ein Mensch verstanden, der den alleinigen Zweck des Daseins in der Fleischeslust erblickt und der eine Gelegenheit zum Sinnengenuß nur um eines größeren Sinnengenusses willen auslassen würde. Epikurs Name ist geradezu zum Synonym für „Genußmensch" geworden. Der Duden verzeichnet unter „epikureisch": „nach Epikurs Art; auch für: dem Genuß ergeben", und so bedienen sich denn auch Gastronomie und verwandte Branchen des Namens, um den Feinschmecker anzusprechen. Als berühmtes Beispiel sei Auguste Escoffier, einer der führenden Köche der klassischen Küche, genannt, der eines seiner Werke „Epikurs Taschenbüchlein" betitelte. Allein dieses Bild des Philosophen beruht auf einer völligen Verkennung seiner Absichten, an der er freilich nicht ganz unschuldig ist durch seine Neigung zu pointierten Formulierungen, die offenbar schockieren sollten.

Zweifellos ist Epikur ein Hedonist, aber nicht in dem geschilderten landläufigen Verständnis des Wortes. Wenn man sich seine Lehre genauer anschaut und darauf sieht, welche konkreten Empfehlungen er für ein gelungenes Leben gibt, dann könnte man eher glauben, einen Asketen predigen zu hören als einen Hedonisten. Da heißt es, daß man keine überflüssigen Bedürfnisse ausbilden dürfe, daß Brot und Wasser den gleichen Genuß böten wie Fisch und Wein und daß Selbstgenügsamkeit eines der Haupterfordernisse sei. Den Beschwernissen des Lebens und dem Tod solle man furchtlos ins Auge blicken, und das größte Gut sei die Tugend der Einsicht, aus der alle übrigen Tugenden entsprängen. Sie lehre, daß die höchste Lust dann erreicht sei, wenn der Körper ohne Schmerzen und die Seele ohne Sorgen sei. Vergleicht man diese Lehren mit dem gängigen Hedonismusverständnis, so möchte man zu dem Urteil kommen, daß hier allenfalls die Präliminarien zu einem lustvollen Leben entwickelt würden, gewissermaßen eine hedonistische Propädeutik, an die sich nun die eigentliche Lustlehre anschließe. Jedermann wird einräumen, daß ein schmerzfreier Körper und eine unbelastete Seele die besten *Voraussetzungen* für ein Leben in Lust bildeten; dieses selbst aber bestehe dann in der ständigen Verfeinerung und Vervielfältigung der einzelnen Genußmöglichkeiten. Demnach müßte das Hauptwerk Epikurs aus raffinierten Kochbüchern, Wein-Gothas, Liebesfibeln, Kunstführern aller Gattungen und Arten, Reiseführern u. ä. bestehen. Allein nichts dergleichen findet sich, Epikur ist mit der Propädeutik schon am Ende, sie ist bereits das Ganze. Dennoch stellt seine Philosophie das erste für uns faßbare voll ausgearbeitete hedonistische System dar, das indessen zugleich einen besonderen Typus dieser Doktrin repräsentiert, den man mit Herbert Marcuse den „negativen Hedonismus" nennen kann, weil Epikur Lust durch Freisein von Unlust definiert. Hedonismus ist, allgemein zu reden, die Lehre, daß Lust der einzige Wert bzw. Zweck an sich selbst sei, so daß alle anderen Werte daraus abgeleitet bzw. Mittel zu diesem Zweck seien. Das bedeutet, anders gewendet, daß die Lust das höchste Gut sei. Je nachdem, welcher Lustbegriff zugrunde gelegt wird, ergeben sich jedoch verschiedene Arten des Hedonismus. Denn die Lust ist ein Begriff, der den Philosophen von Anbeginn die größten Schwierigkeiten bereitet hat, und zwar sowohl hinsichtlich dessen, was der Begriff beinhalte, worin also das Wesen der Lust bestehe, als auch hinsichtlich der Frage, wie sie zu bewerten sei. Epikur unternimmt große Anstrengungen, Lust mit Unlustfreiheit zu identifizieren, und das ist prima facie ein befremdliches Bestreben.

Um es zu verstehen, muß man die geistesgeschichtliche Gesamtsituation berücksichtigen, in der Epikurs Lehre entstand. Denn sie stellt nicht nur die erste große hedonistische Philosophie dar, sondern ist gleichzeitig, neben dem Stoizismus und der pyrrhonischen Skepsis, eine der drei großen individualistischen Philosophien der Antike, die die Epoche des Hellenismus beherrschen. In dieser Epoche, die mit dem dritten vorchristlichen Jahrhundert beginnt, wird der abendländische Individualismus geboren. Epikur steht also zusammen mit dem Skeptiker Pyrrhon von Elis und dem Stoagründer Zenon von Kition am Ursprung einer Geisteshaltung, die die folgende Geschichte bis heute entscheidend geprägt hat. Die voraufgehende Epoche der Klassik, die vor allem von Platon und Aristoteles verkörpert wird, sieht den Menschen vornehmlich als gesellschaftliches Wesen. Für Aristoteles gehört die Ethik als Lehre vom höchsten Gut zur Wissenschaft vom Staat, denn das höchste Gut des Menschen ist das des Staates, der Polisgemeinschaft, und das Gut des Einzelmenschen ergibt sich aus diesem. Ähnlich verhält es sich bei Platon. Erst im Hellenismus rückt der Mensch als Individuum in den Blick, wird das Wohlergehen des einzelnen zum eigentlichen Sinn des Daseins. Das hat eine radikale Verinnerlichung aller Werte zur Folge, so daß die äußeren Verhältnisse, in denen er lebt, für den Menschen gänzlich gleichgültig werden und es allein auf seine innere Verfassung, sein eigenes Bewußtsein ankommt. Das ist auch das Kernstück der Philosophie Epikurs; er möchte den Weg weisen zur individuellen Glückseligkeit, die er im inneren Frieden, in der heiteren Ruhe und Gelassenheit des Gemüts erblickt. Sein Hedonismus dagegen ist nur Mittel zu diesem Zweck. Denn anders als Zenon nimmt Epikur den Lustbegriff, wie er bis dahin in der griechischen Philosophie erarbeitet worden war, ernst. Dieser Begriff stellt für die hellenistische Glücksvorstellung eine echte Bedrohung dar, die Epikur klar erkennt und die er zu beseitigen versucht, indem er den Begriff entscheidend modifiziert und in dieser veränderten Gestalt in die Glücksvorstellung integriert.

Um seine Leistung und seine historische Bedeutung richtig einschätzen zu können, muß man daher vor allem zweierlei berücksichtigen: die Entwicklung des griechischen Denkens zum Individualismus und den vorepikureischen Lustbegriff. Das ist in diesem Bande in ausreichendem Umfang geschehen. Was den ersten Punkt betrifft, so durfte ich mich kürzer fassen, da ich hierfür auf meine Darstellung der Gesamtepoche und ihrer Entstehung *Die Philosophie der Antike 3. Stoa, Epikureismus und Skepsis, München 1985 (Geschichte der Philosophie, hg. v. W. Röd, Bd. III)* verweisen kann, in der ich Epikur hauptsächlich als Repräsentanten seiner Zeit betrachtet habe. Hier dagegen sollte auch seine Bedeutung für den Hedonismus deutlich hervortreten, daher mußte ich auf den vorepikureischen Lustbegriff etwas ausführlicher eingehen. Im übrigen freilich erforderte der Stil der Reihe *Große Denker* einige Beschränkungen. So habe ich auf einen „wissenschaftlichen Apparat" in Form von Anmerkungen vollständig verzichtet und damit auch die Auseinandersetzung mit konkurrierenden Deutungen der Epikureischen Philosophie geopfert. Desgleichen habe ich den Text nicht mit der Angabe von Parallelbelegstellen befrachtet, sondern es in der Regel bei einer Stellenangabe belassen. Auch in diesen Punkten verweise ich auf mein genanntes Buch. Die größte Beschränkung stellte zweifellos der zur Verfügung gestellte Raum dar. Hier war zu wählen zwischen einer ausgewogenen und dafür weniger eingehenden oder einer gewichtenden Darstellung. Ich habe mich für die letztere Lösung entschieden. Denn die überzeitliche Bedeutung Epikurs, die seine Aufnahme in diese Reihe rechtfertigt, liegt ohne Frage in seiner Ethik, die ihm auch selbst das Wesentliche war und der er alles andere unterordnete. Seine Naturphilosophie dagegen ist wenig originell, sondern folgt im großen und ganzen der Theorie Demokrits. Ich habe mir daher für die Darstellung der Ethik den nötigen Raum genommen und für Erkenntnistheorie und Naturphilosophie verwendet, was übrigblieb, wobei ich für die letztere einige Passagen aus dem *Physik*-Abschnitt des *Epikureismus*-Kapitels meines genannten Buches übernehmen konnte. Für die Angaben über Leben, Schriften und Nachwirkung Epikurs stütze ich mich vornehmlich auf: *W. Schmid, Epikur, in: Reallexikon für Antike und Christentum, Bd. V, Stuttgart*

1962, Sp. 681ff., H. Steckel, Epikuros, in: Realencyclopädie der Classischen Altertumswissenschaft, Suppl. 11, Stuttgart 1968, Sp. 579ff. und *H. J. Krämer, Epikur und die hedonistische Tradition, Gymnasium 87, 1980, 311ff.* In diesen Arbeiten finden sich auch die genaueren Nachweise.

Münster, März 1990 M. H.

Vorwort zur dritten Auflage

Da mir seit dem Erscheinen der zweiten Auflage keine neuen Erkenntnisse über Epikur, die eine Umarbeitung erzwungen hätten, bekannt geworden sind, habe ich mich darauf beschränkt, die Bibliographie zu aktualisieren.

Graz, November 2005 M. H.

Leben und Schriften

1. Leben

Epikur wurde zu Beginn des Jahres 341 v. Chr. als Athener Staatsbürger auf der Insel Samos geboren. Er entstammte einem der ältesten und berühmtesten Geschlechter Athens, den Philaiden. Seine Eltern Neokles und Chairestrate waren 352 als attische Kolonisten nach Samos gekommen, wo der Vater möglicherweise als Elementarlehrer tätig war. Epikur wuchs auf der Insel auf, zusammen mit seinen drei Brüdern Neokles, Chairedemos und Aristobulos, zu denen er offenbar ein gutes und einflußreiches Verhältnis hatte, da sie später seiner Schule angehörten. Im Alter von vierzehn Jahren kam er zum erstenmal mit der Philosophie in Berührung. Die Anekdote berichtet, sein Lehrer habe ihm das Chaos bei Hesiod nicht erklären können und ihn für derartige Fragen an die Philosophen verwiesen.

Seinen ersten philosophischen Unterricht erhielt Epikur in Samos bei dem Platoniker Pamphilos, den er allerdings später geringschätzte. Er ging dann nach Teos an der kleinasiatischen Küste, um dort Nausiphanes zu hören, und die Jahre bei diesem Demokriteer scheinen für ihn von ganz entscheidender Bedeutung gewesen zu sein. Zum einen datiert hierher seine Bekanntschaft mit der griechischen Atomistik, die für seine spätere Naturphilosophie bestimmend wurde. Zum anderen aber, und das war vielleicht noch bedeutsamer, erfuhr er durch Nausiphanes offenbar auch von der neuen Lebenseinstellung der heraufkommenden hellenistischen Philosophie. Nausiphanes war ein Studienkamerad des Skeptikers Pyrrhon von Elis, der der älteste der hellenistischen Schulgründer ist. Beide hatten ihren Lehrer Anaxarchos auf den Feldzügen Alexanders des Großen begleitet, und Nausiphanes erzählte später, daß sein Schüler Epikur, dem er von Pyrrhon berichtet hatte, dessen Lebensweise bewunderte und ihn ständig darüber ausfragte. Nausiphanes selbst pflegte das Bonmot zu äußern, man müsse die Lebenshaltung von Pyrrhon, die Theorie aber von ihm, Nausiphanes, übernehmen. Mit einem gewissen Recht darf man sagen, daß Epikur dieses Programm dann tatsächlich durchgeführt hat, indem er das hellenistische praktische Grundprinzip mit Hilfe des atomistischen Weltbilds Demokrits theoretisch zu untermauern versucht hat.

Mit achtzehn Jahren mußte Epikur in Athen seinen Militärdienst antreten. Athen war zu der Zeit das Zentrum des philosophischen Lebens, und Epikur dürfte während der zwei Jahre seiner Dienstzeit von 323 bis 321 reichlich Gelegenheit gehabt und genutzt haben, sich mit den Hauptströmungen der damaligen Philosophie bekannt zu machen. Verbürgt ist, daß er Xenokrates gehört hat, der der Platonischen Akademie vorstand. Dagegen scheint er Aristoteles selbst wohl nicht mehr gehört zu haben, bevor dieser vor dem ihm drohenden Prozeß wegen Gottlosigkeit nach Chalkis auswich; aber seine Schule, der Peripatos, blieb unter der Leitung Theophrasts in Athen zurück. Besonders wird Epikurs Interesse, durch Nausiphanes' Berichte über Pyrrhon geweckt, auch den neuen Denkrichtungen gegolten haben, die in den Lehren der sogenannten „einseitigen Sokratiker" Antisthenes und Aristipp und ihrer Anhänger, der Kyniker und Kyrenaiker, aufkeimten und die den kommenden Hellenismus ankündigten.

Inzwischen war Alexander gestorben, und Athen hatte durch den Lamischen Krieg die Herrschaft über Samos verloren. Die attischen Kolonisten mußten die Insel verlassen. Epikurs Familie fand Aufnahme in Kolophon in Kleinasien, und dorthin folgte ihr der Sohn 321 nach Ablauf seiner Dienstzeit. Das nächste Jahrzehnt liegt für uns im dunkeln. Es ist nicht ausgeschlossen, daß Epikur noch eine Weile bei Nausiphanes in Teos, das nicht weit von Kolophon entfernt lag, verbrachte und daß er dann als Elementarlehrer neben seinem Vater zum Unterhalt der Familie beitrug. Mit großer Wahrscheinlichkeit fällt in diese Zeit die erste Grundlegung des eigenen philosophischen Systems. Denn um 310, im zweiunddreißigsten Lebensjahr, gründete er eine eigene Schule, und zwar zuerst in Mytilene auf der Insel Lesbos, dann in Lampsakos am asiatischen Ufer des Hellespont. Die fünf Jahre, die er an diesen Orten lehrte, wurden für sein weiteres Leben von entscheidender Bedeutung, weil er hier jene lebenslangen Freundschaften knüpfte, die den Fortbestand der Schule auch finanziell sichern halfen. In Mytilene schloß sich Hermarchos ihm an, der nach seinem Tode die Schule weiterführen sollte; er stammte aus armen Verhältnissen. In Lampsakos indessen gelang es Epikur, Schüler aus angesehenen und einflußreichen Familien zu gewinnen, deren Zuwendungen ihn von der geldlichen Unterstützung, die er anfangs noch von seinen Eltern erhalten hatte, unabhängig machten. Zu diesen Schülern und Freunden gehörten Metrodoros und sein Bruder Timokrates, Kolotes, Idomeneus, Leonteus und seine Frau Themista und der Mathematiker Polyainos. Den Erfolg verdankte Epikur wohl besonders drei Faktoren: Zum einen besaß er ein großes Talent für den Umgang mit Menschen. Er verstand es, Freunde dauerhaft an sich zu binden und eine Atmosphäre persönlicher Zuneigung und Anteilnahme zu schaffen, in der sich die meisten Menschen wohlfühlten. Zum anderen war er selbst felsenfest von der Wahrheit und heilbringenden Wirkung seiner Lehre überzeugt, und solch unerschütterlicher Glaube überträgt sich sehr leicht auf andere, vor allem auch junge Menschen, die mit Selbstzweifeln wenig anzufangen wissen, die belehrt und nicht verunsichert werden wollen. Drittens schließlich lag Epikurs Philosophie vollauf im Trend der Zeit, was ganz und gar nicht heißen soll, daß er einer jener Trittbrettfahrer gewesen sei, die auf den jeweils gerade rollenden Zug aufspringen und die zu allen Zeiten die Masse der Intellektuellen ausmachen. Epikur war im Gegenteil einer der Protagonisten der neuen Epoche, die er zum großen Teil selbst heraufgeführt und geprägt hat. Ein Beispiel für die besondere Wirkung, die von ihm ausging, ist der Kniefall des Kolotes, der keine später erdichtete Anekdote ist, sondern den Epikur selbst in einem Brief an Kolotes erwähnt. Während einer naturphilosophischen Vorlesung Epikurs hatte Kolotes sich plötzlich vor ihm niedergeworfen und seine Knie umschlungen, um nach Art asiatischer Proskynese seine Verehrung kundzutun. Diese Ergriffenheit entsprang sicher nicht dem theoretischen Erkenntnisgewinn, den ein Vortrag über die längst bekannte Atomistik zu vermitteln vermochte. Vielmehr dürfte die Ursache darin zu suchen sein, wie Epikur seine Physik nach hellenistischer Manier aufs engste mit einer Heilslehre verquickte. Epikur reagierte auf die Huldigung mit der gleichen Geste gegenüber Kolotes. Die plausibelste Deutung dieser Erwiderung ist, daß sie ausdrücken sollte, daß Kolotes jetzt den inneren Durchbruch geschafft habe und deshalb wie ein seliger Gott auf Erden anzusehen sei.

Im Jahre 306 übersiedelte Epikur nach Athen, wohin ihn ein erheblicher Teil seiner Schüler begleitete. Der Grund des Umzugs liegt auf der Hand: Athen bot das beste und größte philosophische Publikum und damit die günstigsten Voraussetzungen, um einer Lehre überregionale Bedeutung zu verschaffen. Durch den Erfolg in Lampsakos fühlte sich Epikur offenbar in dem Glauben bestärkt, daß seine Philosophie einem solchen Anspruch genüge und er den direkten Vergleich mit den etablierten Schulen in Athen nicht zu fürchten habe. Der Zeitpunkt der Übersiedlung war geschickt gewählt, denn kurz zuvor war ein Gesetz, das Philosophenschulen genehmigungspflichtig machte, aufgehoben worden. Epikur erwarb in Athen für 80 Minen ein Gartengrundstück, auf dem er seine Schule einrichtete und nach dem diese häufig als „der Garten" bezeichnet wird. Hier verbrachte er die ihm verbleibenden dreieinhalb Jahrzehnte und bemühte sich mit Erfolg, seine Schule durch die schwierigen Zeiten und die wechselnden Athener Herrschaftsverhältnisse zu bringen. Lediglich zwei oder drei kurze Reisen nach Kleinasien unternahm er noch, um seine dortigen Anhänger aufzusuchen, zu denen er den engen Kontakt nie abreißen ließ, zumal da der Athener Schulbetrieb von den Zuwendungen der Lampsakener Epikureergemeinde finanziell abhängig blieb.

Die Schule war organisiert in Form eines Kultvereins, wobei Epikur sich wohl die ähnlich verfaßten Schulen Platons und Aristoteles' zum Vorbild nahm; das Motiv waren vereinsrechtliche Rücksichten. Eine Besonderheit des „Gartens" war, daß aller Besitz Privateigentum blieb und es kein gemeinsames

Schulvermögen, sondern nur ein Nutzungsrecht der Schule an den Einrichtungen gab. Begründet wurde dies damit, daß die Forderung nach Vermögensgemeinschaft ein Zeichen des Mißtrauens und daher unter Menschen, die in Freundschaft verbunden seien, unwürdig sei. Epikur war offenbar der Überzeugung, daß Vertrauen besser sei als Kontrolle, und die allgemeine Erfahrung gibt ihm insoweit recht, daß es wenigstens keine schlechtere Basis menschlichen Zusammenlebens ist; denn Kontrolle scheint kaum effektiver in der Sicherung der Einhaltung der Regeln und Gesetze, jedenfalls aber erheblich aufwendiger. Die Gemeinschaft des „Gartens" verließ sich ganz auf die Macht gegenseitigen Vertrauens und der Freundschaft, und wie schon erwähnt, verstand es Epikur in hohem Maße, eine entsprechende Atmosphäre zu verbreiten. Er suchte dies auch theoretisch zu untermauern, indem er als Teil seiner philosophischen Ethik eine Art Ideologie der Freundschaft entwickelte. Das Vertrauensband schloß nicht aus, daß die Schule straff organisiert war und nach festen Regeln zusammenlebte, die außer dem Lehrbetrieb auch die übrigen praktischen Dinge betrafen und zu denen auch gemeinsam begangene religiöse Feste und Gedächtnisfeiern für verstorbene Mitglieder sowie die jährliche Geburtstagsfeier für Epikur gehörten. An den Feiern nahmen nicht nur die Schulangehörigen teil, sondern es wurden auch Nachbarn und „Wohlgesonnene" geladen, so daß die Veranstaltungen wohl gleichzeitig auch Werbezwecke erfüllten. Epikurs Philosophie verstand sich als eine Heilslehre für jedermann. Konsequenterweise fanden auch Frauen und Sklaven Aufnahme in der Schule. Von ihnen ist besonders die Hetäre Leontion zu erwähnen, über die Epikur möglicherweise Beziehungen zu einflußreichen Kreisen Athens knüpfen konnte.

Trotz dem freundschaftlichen Verhältnis der Mitglieder gab es auch Auseinandersetzungen, deren bedeutsamste der Streit zwischen Epikur und Timokrates war, da er auch literarisch ausgefochten wurde und schließlich zum Bruch führte, so daß Timokrates sogar versuchte, mit Hilfe seines Einflusses in Lampsakos der Schule zu schaden. Er hatte der Lehre Epikurs wohl von Anfang an distanzierter gegenübergestanden als sein

Bruder Metrodor, und es ist denkbar, daß die Meinungsverschiedenheiten eskalierten, weil Epikur mit zunehmendem Alter und Erfolg immer autoritärer wurde.

Das lag gewiß nicht nur in der normalen psychischen Entwicklung begründet, sondern war zugleich Teil eines bewußt angelegten Führungsstils, der mit dem Charakter der Epikureischen Philosophie zusammenhing. Anders als etwa für die Stoiker ist für Epikur die Vernunft nicht das eigentlich prägende Prinzip der Natur, sie ist nur das Instrument des Menschen zur Orientierung in einer an sich irrationalen Welt. Eine rationale Letztbegründung ist nicht möglich; die Vernunft kann lediglich Sätze aus anderen ableiten und Begriffe durch andere definieren; die Basisdaten aber müssen ihr gegeben sein, wenn sie nicht in einen unendlichen Regreß geraten will. Für die Lehre bedarf es daher einer Autorität, die über die Grundgedanken entscheidet, die nicht mehr bewiesen, sondern nur noch gelernt werden können. Deswegen war Epikur bestrebt, sich selbst als eine Art letzter und unfehlbarer Instanz aufzubauen, an deren Erkenntnissen keinerlei Zweifel zulässig waren. Dazu gehörte, daß er sich als absolut selbständigen Denker stilisierte, der alles aus sich selbst gefunden habe und von keinem Vorgänger abhängig sei. Alle anderen Philosophen bedachte er mit scharfer Polemik und bissigem Spott, wovon er auch seinen Lehrer Nausiphanes nicht ausnahm. Er wollte so seiner Lehre den Anschein einer übergeschichtlichen, unwandelbaren Wahrheit verleihen, die sich ihm allein offenbart habe. Ihre Kernsätze wurden auf prägnante Formeln gebracht und in Katechismen zusammengestellt, die die Schüler auswendig lernten. Diese schworen, Epikur zu gehorchen und nach seinen Vorschriften zu leben. Solcher Indoktrination verdankt der Epikureismus seine relative Geschlossenheit und Einheit, die er über die ganzen Jahrhunderte seines Bestehens bewahrt hat. Die Inhalte wurden im wesentlichen unverändert tradiert und akzeptiert, so daß die Schule nie, wie andere, in verschiedene Richtungen oder Epochen zerfiel.

Es ist sogar die These vertreten worden, daß Epikur die Stelle des Schulheiligen eingenommen und sich wie ein Gott verehren lassen habe. Sie geht in dieser Form sicher zu weit, jedoch ist nicht zu übersehen, daß die Verehrung Epikurs zuweilen religiöse Züge annahm, wie es bereits im Kniefall des Kolotes angedeutet ist. Das wurde zum einen durch die Epikureische Theologie nahegelegt, der zufolge die einzige Funktion, die die Götter für die Menschen ausüben, darin besteht, daß sie ihnen das Ideal glückseligen Lebens verkörpern. Fortschritt in der Weisheit und damit in der Glückseligkeit ließ sich deshalb als „Angleichung an Gott" ansehen, so daß der vollkommene Weise einem Gott gleichzustellen war. Zum anderen galt Epikur seinen Anhängern darüber hinaus als der *erste* Weise, da er als erster die Wahrheit geschaut und sie die Menschen gelehrt habe. Er wurde deswegen von ihnen als der „Erlöser" *(sôtêr)* gefeiert. Er hat solchen Huldigungen nicht entgegengewirkt, sondern sie eher gefördert, indem er seinen Schülern einschärfte: „Die Verehrung des Weisen ist ein großes Gut für den Verehrenden" (GV 32). Die Ehrerbietungen unterstützten seine Selbststilisierung als absolute, über allen anderen stehende Autorität. Offenbar verwendete auch er perfekt jene Technik der Menschenbeeinflussung und -beherrschung, wie sie sich bei vielen Sektenführern bis hin zu den modernen Gurus findet.

Epikur starb im Jahre 270 in seinem zweiundsiebzigsten Lebensjahr nach vierzehntägiger Krankheit an einem Nierenstein, der ihm die Harnröhre versperrte. Die außerordentlichen Schmerzen ertrug er, getreu den Maximen seiner Philosophie, gelassen und in heiterer Stimmung. Er ließ eine bronzene Badewanne mit warmem Wasser füllen, stieg hinein und verlangte nach unvermischtem Wein, den er begierig trank. Dann ermahnte er seine Freunde nochmals, seiner Lehren stets eingedenk zu bleiben, und verschied. In seinem letzten Brief an Idomeneus schreibt er: „Den seligen und zugleich letzten Tag meines Lebens verbringend, schreibe ich Euch diese Zeilen. Ich werde von Harn- und Ruhrbeschwerden verfolgt, die keine Steigerung ihrer Größe mehr zulassen. All dem aber steht gegenüber die Freude der Seele über die Erinnerung an die von uns geführten Gespräche. Du aber sorge entsprechend dem Eifer, den Du seit dem Knabenalter für mich und die Philosophie bewiesen hast, für Metrodors Kinder“ (DL X 22). Dieselbe Fürsorge für seine Freunde und deren Hinterbliebene spricht aus seinem erhaltenen Testament (DL X 16ff.).

2. Schriften

Epikur galt in der Antike als nachlässiger Vielschreiber, der an die dreihundert Buchrollen verfaßt haben soll. Das war jedoch nichts Ungewöhnliches, da er, was die Menge angeht, von anderen bei weitem übertroffen wurde. Und was den Vorwurf der Nachlässigkeit betrifft, so wird man wohl zwischen den Zwekken, denen die Schriften jeweils dienten, unterscheiden müssen: ob sie sich an ein größeres Publikum oder nur an den engeren Kreis der Epikureer richteten. Im letzteren Fall durfte Epikur eine technische Terminologie verwenden, die für Außenstehende nicht ohne weiteres verständlich war; er neigte aber darüber hinaus zu unübersichtlichen, verschachtelten Konstruktionen und hatte eine Vorliebe für substantivistische Ausdrucksweisen.

Sein Hauptwerk trug den Titel *Über die Natur* und umfaßte 37 Bücher. Es enthielt nicht nur die Naturphilosophie, sondern auch die Erkenntnistheorie, und es gibt Gründe für die Annahme, daß es auch die Ethik behandelte, so daß es die gesamte Lehre erschöpfend darstellte. Von diesem Werk veröffentlichte Epikur noch einen *Großen Auszug* und einen *Kleinen Auszug*. Daneben ist eine ganze Reihe weiterer Titel überliefert, die sich mit Einzelfragen beschäftigten. In den Bereich der Naturphilosophie fielen Schriften wie *Über die Atome und das Leere*, *Über den Winkel im Atom*, *Über die Vorstellung*, *Über das Sehen*, *Über die Bilder (Eidola)*, *Über den Tastsinn*, *Über die Krankheiten und den Tod*, *Über Vorhersagen*, *Über die Götter*; die wichtigste erkenntnistheoretische Schrift hieß *Über das Kriterium oder Die Richtschnur*; zur Ethik gehörten *Über das höchste Gut*, *Über Wählen und Meiden*, *Ansichten über die Affekte*, *Über die Gerechtigkeit und die anderen Tugenden*, *Über das Rechttun*, *Über die Frömmigkeit*, *Über die Liebe*, *Über Geschenke und Dankbarkeit*, *Über den Reichtum*, *Über die Lebensformen, Zweifelsfälle* [des praktischen Lebens], *Über das Königtum.* In mehreren Schriften setzte Epikur sich direkt mit gegnerischen Positionen auseinander, so in *Gegen die Naturphilosophen,* woraus er noch einen *Auszug* verfaßte; *Über die Heimarmene* (Schicksal) war gegen die Stoiker gerichtet, der *Timokrates* gegen seinen abtrünnigen Schüler, weiter schrieb er *Gegen Demokrit, Gegen Theophrast, Gegen die Megariker.* Daneben gab es *Über die Rhetoriker, Über die Musik,* ein *Gastmahl* und – natürlich – eine *Werbeschrift.* Alle diese Schriften sind verloren und über weitere lassen sich nur Vermutungen anstellen, ebenso über den Gegenstand einiger anderer Titel, die wir noch kennen; die Chronologie liegt fast gänzlich im dunkeln.

Besser steht es mit den *Briefen.* Diese waren schon im Altertum, zusammen mit den Briefen der anderen führenden Epikureer, gesammelt und herausgegeben worden und teilten sich in Briefe persönlichen Inhalts und Lehrbriefe. Die letzteren waren ein wichtiges Instrument zur Verbreitung und Sicherung der Lehre, insofern sie die Kerngedanken in knapper Form boten. Drei der Lehrbriefe aus der Hand Epikurs sind uns erhalten, die zusammen einen sehr kurzen Abriß der gesamten Lehre geben. Der *Brief an Herodot* behandelt in wenigen Sätzen die Erkenntnistheorie und entwickelt dann die Grundgedanken der Naturphilosophie. Der *Brief an Pythokles* beschäftigt sich mit besonderen astronomischen und meteorologischen Problemen, die deshalb von herausragender Wichtigkeit waren, weil ein Hauptziel der Epikureischen Philosophie darin bestand, die Menschen von der Furcht vor den Himmelserscheinungen zu befreien. Die Echtheit des Briefes ist freilich umstritten und wurde bereits in der Antike angezweifelt. Möglicherweise wurde er von einem Schüler aus dem Hauptwerk *Über die Natur* kompiliert, jedenfalls ist außer Frage, daß er genuines Gedankengut Epikurs wiedergibt. Der *Brief an Menoikeus* schließlich erörtert die Grundlagen der Theologie und Ethik.

Außer diesen Werken Epikurs zirkulierten im „Garten“ noch die schon erwähnten Katechismen, Zusammenstellungen der Kernsätze der Lehre zum Einüben und Auswendiglernen. Zwei solcher Spruchsammlungen sind überliefert. Die *Hauptlehren* enthalten 40 Lehrsätze, vornehmlich, aber nicht ausschließlich ethischen Inhalts. Der Großteil stammt sicher von Epikur selbst, fraglich ist lediglich, ob auch die Auswahl und Anordnung, so wie sie jetzt vorliegen, von ihm oder einem Späteren getroffen wurden. Das *Gnomologium Vaticanum Epicureum* (so genannt, weil es in einer vatikanischen Handschrift entdeckt wurde) setzt sich aus 81 Sprüchen zusammen, die sich allein mit der Ethik befassen und von verschiedenen Epikureern stammen; sie sind teilweise mit den *Hauptlehren* identisch.

3. Überlieferung

Unsere Hauptquelle sind natürlich die *Briefe an Herodot, Pythokles* und *Menoikeus* und die *Hauptlehren*, weil wir hier Epikur selbst, und zwar – wenigstens in den Briefen – im Zusammenhang und nicht nur in herausgerissenen Zitaten lesen können. Die Texte bieten freilich an vielen Stellen erhebliche Interpretationsschwierigkeiten, was zum Teil sicher auf fehlerhafte handschriftliche Überlieferung, zum Teil aber auch auf die angestrebte Kürze und Prägnanz der Darstellung zurückzuführen ist. Daß diese Werke vollständig auf uns gekommen sind, verdanken wir dem Doxographen Diogenes von Laerte, der im dritten nachchristlichen Jahrhundert lebte und offenbar dem Epikureismus zuneigte. Von seinem erhaltenen Werk *Leben und Meinungen berühmter Philosophen* widmet er Epikur das ganze zehnte und letzte Buch und gibt darin die genannten Werke wörtlich wieder. Desgleichen überliefert er dort Epikurs Testament und ein Verzeichnis ausgewählter Schriften, die er „die besten" nennt und die im wesentlichen die im vorigen Abschnitt aufgeführten sind. Auf anderen Wegen ist das *Gnomologium Vaticanum* auf uns gelangt.

Die große Masse des Überkommenen setzt sich zusammen aus Fragmenten und aus Referaten anderer Autoren. Von den Fragmenten sind an erster Stelle die Reste antiker Handschriften auf Papyrus zu nennen, die bei den Ausgrabungen in Herculaneum in der Nähe von Neapel gefunden wurden. Dort kam in der Villa der Pisonen, die dem Vesuvausbruch von 79 zum Opfer gefallen war, eine Bibliothek zutage, die vermutlich einst dem Epikureer Philodemos von Gadara gehört hatte. Die Funde ergaben neben Texten jüngerer Epikureer, hauptsächlich Philodems selbst, auch einige Stücke aus Epikurs Hauptwerk *Über die Natur*. Freilich sind die Papyri arg zerstört und harren großteils noch der Ergänzung und Deutung. Den Hauptteil der für uns lesbaren Fragmente bilden bislang wörtliche Zitate aus den Werken Epikurs, die sich in den Schriften späterer Autoren finden und die mit mehr oder minder genauen Fundortangaben versehen und von unterschiedlicher, meist geringer Länge sind.

Aber die Späteren zitieren nicht nur, sondern zum überwiegenden Teil geben sie die Lehren Epikurs mit ihren eigenen Worten wieder. Diese Referate bilden für uns ebenfalls eine wichtige Quelle, die allerdings von Fall zu Fall einer besonderen Beurteilung bedarf, um die Zuverlässigkeit abwägen zu können. Es handelt sich teils um Anhänger Epikurs, teils um Gegner, teils um unbeteiligte Doxographen, wobei man jedoch keineswegs von vornherein annehmen darf, daß etwa die neutralen Doxographen oder die Anhänger zuverlässiger seien als die Gegner. Auch fehlt vielen der Berichte jeder philosophische Tiefgang, sie beschränken sich darauf, die Thesen herzuzählen, ohne die Begründungen mitzuliefern. Ein Problem besonderer Art bildet die Terminologie, da die Berichter, vornehmlich wenn sie einer sehr viel späteren Zeit angehören, sich oft einer fremden Terminologie bedienen, die den Begriffen Epikurs nicht adäquat ist. Zu den bedeutendsten Berichtern gehören – neben Diogenes Laertius – Cicero und Plutarch. Vor allem aber muß an dieser Stelle Lukrez genannt werden. Es besteht Grund zu der Annahme, daß er sein Lehrgedicht *Über die Natur der Dinge* nach einer von Epikur selbst stammenden Vorlage abgefaßt hat, und zwar nach dem *Großen Auszug* aus *Über die Natur*. Er scheint sich ohne eigenen philosophischen Ehrgeiz streng an die Vorlage gehalten und nur die poetische Form und Ausschmückung sowie natürlich die Übertragung ins Lateinische beigesteuert zu haben. Wir hätten demnach in seinem sechs Bücher umfassenden Lehrgedicht eine äußerst zuverlässige Quelle, die fast so zu bewerten ist, als ob Epikur selbst zu uns spräche. Es ist in Hexametern abgefaßt und vermutlich von Cicero postum, also nach 55 v. Chr., herausgegeben worden. Buch I und II behandeln die Prinzipien der Atomistik, Buch III und IV Seele, Erkenntnis und Trieb, Buch V und VI die Entstehung der Welt und Kultur und die natürliche Erklärung außergewöhnlicher Naturerscheinungen. Dank diesem Werk sind wir über die Epikureische Naturphilosophie am besten informiert, für die anderen Disziplinen sind die Nachrichten viel dürftiger. Als eine weitere zuverlässige Quelle ist noch die gewaltige Inschrift zu erwähnen, die Diogenes von Oinoanda im zweiten nachchristlichen Jahrhundert in die Wand einer Säulenhalle seiner Heimatstadt in Lykien in Kleinasien meißeln ließ, um seinen Mitbürgern die Epikureische Philosophie zugänglich zu machen. Ihre Trümmer sind 1884 entdeckt worden, sie behandeln vornehmlich Ethik und Naturphilosophie.

Aus der Überlieferungslage erhellt, daß vieles von dem, was in diesem Buch vorgetragen wird, als Rekonstruktion gewertet werden muß, die manchmal mehr, manchmal weniger spekulativ ist. Es ist häufig sehr schwer, Epikurs Gedanken im einzelnen aufzuklären; vor allem, wenn es um die genaueren Begründungszusammenhänge geht, lassen uns die Quellen meist im Stich. Man muß versuchen, aus den vorhandenen Resten ein einigermaßen haltbares Gebäude zu zimmern, wobei die logische Konsistenz der Gedanken eines der wichtigsten Kriterien ist. Freilich läßt sich in manchen Teilen die Lehre auf verschiedene Weise gleichermaßen plausibel rekonstruieren, ohne daß hier der Raum wäre, die Varianten zu erörtern. Der mit den Gegebenheiten der antiken Philosophie nicht so vertraute Leser möge daher stets bedenken, daß – anders als bei neueren Autoren – die Textgrundlage der Interpretation nicht immer vollkommen gesichert ist, daß im Gegenteil der Interpretationsansatz zuweilen über die Auswahl der Quellen entscheidet, so daß in solchen Fällen durchaus die Gefahr eines Zirkels und einer gewissen Willkür besteht.

Was unter Epikurs eigenem Namen erhalten ist, reicht für ein vollständiges Bild nicht aus. Ich werde im Folgenden darüber hinaus auch das Erhaltene der anderen Epikureer, von Metrodoros von Lampsakos über Philodemos von Gadara bis zu Diogenes von Oinoanda, heranziehen; insbesondere Lukrez' *Über die Natur der Dinge* werde ich, dem Sachgehalt nach, wie eine Originalschrift Epikurs behandeln. Ferner werde ich von den Referaten nicht nur solche berücksichtigen, die sich ausdrücklich auf Epikur selbst beziehen, sondern auch solche, die über die Schule als ganze berichten und von „den Epikureern", dem „Garten" u.ä. sprechen, sofern es nicht gewichtige Gegengründe gibt. Die Rechtfertigung dieses Vorgehens sehe ich in der schon erwähnten großen Stabilität des Epikureismus. Nach allem, was wir wissen, haben sich die Nachfolger darauf beschränkt, das Erbe des Meisters zu verwalten. Gewiß gab es fruchtbare Schriftsteller unter ihnen, aber sie scheinen sich damit begnügt zu haben, Epikurs Lehren zu erläutern und allenfalls auszuarbeiten oder fortzuführen. Es gibt keine Anzeichen für eine Sektenbildung oder auch nur vereinzelte Thesen, die von der Orthodoxie abwichen. Epikur zog keine originellen Köpfe an; seine Selbststilisierung als unfehlbarer, gottähnlicher Heilsbringer und die strenge Indoktrination, die in der Schule gepflegt wurde, mußten sie abschrecken. Anders als etwa die weitläufige Stoa war der „Garten" eher etwas für Jüngerseelen und treue Epigonen.

Lehre

I. Die Grundlagen des schönen Lebens

Alleiniger Sinn alles Philosophierens ist für Epikur, den Weg zur Glückseligkeit zu weisen. Er definiert die Philosophie als „Tätigkeit, die durch Argumentation und Diskussion das glückselige Leben verschafft“ (Us. Fr. 219). Ihre Aufgabe besteht darin, die Seele von all ihrem Gram zu befreien, so daß „die Rede jenes Philosophen leer ist, durch die kein Leiden des Menschen geheilt wird; denn wie die Heilkunst keinerlei Nutzen hat, wenn sie nicht die Krankheiten der Körper vertreibt, so auch nicht die Philosophie, wenn sie nicht das Leiden der Seele vertreibt“ (Us. Fr. 221). Die Philosophie wird also ganz in den Dienst des praktischen Interesses des Menschen gestellt, die reine Erkenntnis der Wahrheit ist kein Wert an sich. Infolgedessen ist die zweckfreie Forschung keine sinnvolle Tätigkeit, sondern alle Wissenschaft hat sich dem praktischen Ziel unterzuordnen, sie ist nur so weit zu rechtfertigen, als sie zur Erlangung der Glückseligkeit unmittelbar oder mittelbar notwendig ist, und zwar gilt dies sowohl für die Auswahl der zu erforschenden Gegenstandsbereiche als auch für die anzuwendenden Forschungsmethoden. So ergibt sich, daß die gesamte Wissenschaft ein einziges in sich folgerichtig zusammenhängendes Systemgebäude ausmacht, das nur im ganzen darzustellen und zu verstehen ist, einschließlich aller Einzelwissenschaften, die sich zu Epikurs Zeiten erst allmählich von der Philosophie zu emanzipieren beginnen. Dem entspricht, daß Epikur in seinem Hauptwerk *Über die Natur* seine ganze Lehre im Zusammenhang vorgetragen hat, um damit zugleich alles, was zu wissen nötig und sinnvoll ist, abzustecken.

Es ist daher wenig wahrscheinlich, daß Epikur selbst die Philosophie in drei getrennte Disziplinen eingeteilt hat, wie es in der hellenistischen Epoche üblich wird. Nach dem gängigen Schema zerfällt die Philosophie in Logik, Physik und Ethik, wobei diese Bezeichnungen eine wesentlich weitere Bedeutung haben als heute. Zur Logik zählt außer der formalen Logik vor allem die Erkenntnistheorie, aber auch Sprachphilosophie, Rhetorik, Grammatik. Die Physik, die „Wissenschaft von der Natur", umfaßt vor allem Metaphysik, Naturphilosophie, Theologie, Kosmologie, Psychologie. Die Ethik schließlich untersucht alles, was das praktische Verhalten betrifft, und enthält neben der Ethik im engeren Sinne insbesondere Gesellschafts-, Staats- und Rechtsphilosophie. Die Dreiteilung legen auch die neueren Darstellungen der Epikureischen Philosophie in der Regel zugrunde, und sachlich ist das durchaus berechtigt, da Epikur alle drei Disziplinen berührt. Aber es ist nicht überliefert, daß er selbst seine Lehre in dieser Weise eingeteilt habe. Vielmehr geht aus Berichten hervor, daß er bestrebt war, der Logik kein zu großes Eigengewicht zukommen zu lassen, sondern sie als Teil der Physik aufzufassen und zu behandeln, so daß sich allenfalls zwei Disziplinen ergäben (Us. Fr. 242f.). Dies findet im Erhaltenen eine gewisse Bestätigung; in seinen Kompendien stellt Epikur die Ethik getrennt von Logik und Physik dar. So enthält der *Brief an Menoikeus* die Ethik, während der *Brief an Herodot* Logik und Physik zusammen behandelt. Ich werde daher diese Zweiteilung hier zur besseren Übersichtlichkeit übernehmen, allerdings unter anderen Titeln, weil sich die gängigen Disziplinbezeichnungen bei Epikur nicht belegen lassen. Den ersten Teil, der die Ethik wiedergibt, habe ich „Die Grundlagen des schönen Lebens" überschrieben, da Epikur den Gegenstand des Menoikeus-Briefes mit diesen Worten umreißt (Men. 123). Den anderen Teil habe ich „Naturlehre" genannt, um damit Epikurs *physiologia* zu übersetzen. Ihm wird auch die Kanonik, wie die Logik im Epikureismus heißt, zugeschlagen.

1. Der Lustbegriff vor Epikur

Um Epikurs Lehre richtig zu verstehen und ihre Bedeutung für das hedonistische Denken und die Entwicklung des Lustbegriffs abzuschätzen, muß man sich die voraufgehende Geschichte dieses Begriffs etwas eingehender vor Augen führen. Epikur ist nicht der erste Hedonist. Da die Haltung Demokrits nicht mehr eindeutig erkennbar ist, bleiben für uns zwei faßbare Positionen des Hedonismus vor Epikur: die des Eudoxos von Knidos und die des Aristippos von Kyrene und seiner Schule, der Kyrenaiker. Sie stellen verschiedene Formen des Hedonismus dar, und Epikurs Ethik läßt sich am besten so deuten, daß sie beide Formen vereint und weiterentwickelt. Aber nicht nur in den hedonistischen Ansätzen tritt der Lustbegriff auf, er spielt auch in den nichthedonistischen Philosophien eine erhebliche Rolle, und die begrifflichen Vorgaben, die dort erarbeitet wurden, sind für die Ausformung der Epikureischen Ethik ebenfalls bestimmend gewesen.

a) Eudoxos von Knidos

Eudoxos lebte ca. 398–345 v. Chr.; er war ein Schüler Platons und hat auch später während eines längeren Athen-Aufenthaltes eng mit Platon und der Akademie verkehrt. Er war ein vielseitig gelehrter Mann, dessen Hauptbedeutung auf dem Gebiet der Mathematik, Astronomie, Geographie und Medizin lag. Aber er beschäftigte sich auch mit metaphysischen und ethischen Fragen und kam hier zu einer hedonistischen Auffassung. Aristoteles gibt fünf Argumente wieder, die Eudoxos zu der Überzeugung gebracht hätten, daß das höchste Gut die Lust sei:

(1) „Eudoxos glaubte, daß die Lust das Gute sei, weil er sehe, daß alles, Vernunftbegabtes und Vernunftloses, nach ihr strebe, in allen Dingen aber das Erwählte *(haireton)* das Gute sei und das am meisten Erwählte das Beste. Daß alles sich auf dasselbe hinbewege, zeige daher an, daß dies für alle das

Beste sei; denn jedes Wesen finde das, was für es selbst gut sei, wie z.B. auch seine Nahrung. Was aber für alle gut sei und wonach alle strebten, das sei *das* Gute."

(2) „Nicht weniger klar, glaubte er, sei es aus dem Gegensatz: Die Unlust sei für alle meidenswert an sich, in gleicher Weise sei daher der Gegensatz wählenswert."

(3) „Am meisten wählenswert sei, was wir nicht aufgrund eines anderen und nicht um eines anderen willen wählten; von solcher Art aber sei anerkanntermaßen die Lust, denn niemand frage darüber hinaus noch, zu welchem Zweck man Lust empfinde, in der Überzeugung, daß die Lust an sich wählenswert sei."

(4) „Wenn sie zu irgendeinem beliebigen der Güter hinzugefügt werde, z.B. zu gerechtem oder zu besonnenem Handeln, so mache sie dieses noch wählenswerter; das Gute werde aber nur durch sich selbst vermehrt" (NE 1172b 9ff.).

(5) „Daß sie, obwohl zu den Gütern gehörig, nicht gelobt werde, zeige an, daß sie über die Dinge, die man lobe, erhaben sei. Von solcher Art aber sei die Gottheit und das höchste Gut, denn auf diese würden auch alle anderen Güter zurückgeführt" (NE 1101b 28ff.).

Diese Argumentation ist nicht ganz leicht zu deuten. Aristoteles bemerkt: Eudoxos' „Argumente fanden aber mehr wegen der Vorbildlichkeit seines Charakters Glauben als um ihrer selbst willen; denn er galt als außergewöhnlich besonnen. Daher erweckte er nicht den Eindruck, daß er als Freund der Lust so rede, sondern daß es sich in Wahrheit so verhalte" (NE 1172b 15ff.). Das legt die Vermutung nahe, daß Eudoxos aus seinem Hedonismus keinerlei praktische Konsequenzen zog und kein lustbeherrschtes Leben führte oder lehrte, sondern daß er den Gegenstand eher lediglich theoretisch erörtern wollte, und zwar möglicherweise in Auseinandersetzung mit Platon. Dieser verwendet im *Gastmahl* das Argument (3), jedoch bezieht er es nicht auf die Lust, sondern auf die Eudämonie: „Durch den Besitz des Guten sind die Glücklichen glücklich, und hier bedarf es keiner weiteren Frage mehr, zu welchem Zweck jemand glücklich sein wolle, sondern die Antwort scheint ein Ende zu haben" (205a). Angeregt durch derartige Überlegungen könnte Eudoxos die methodische Frage gestellt haben, auf welchem Wege es überhaupt möglich sei, etwas als das höchste Gut auszuzeichnen, und er wäre dann zu dem Ergebnis gekommen, es müsse nachgewiesen werden, daß es die folgenden Bedingungen erfülle: (a) Es müsse von allen Wesen erstrebt werden; (b) es müsse ein Gut an sich sein; (c) alle anderen Güter müßten auf es zurückgeführt werden.

Auf die Forderung (a) würden sich die Argumente (1) und (2) beziehen. Dem modernen Leser fällt bei der Lektüre dieser Argumente sofort der Vorwurf des „naturalistischen Fehlschlusses" ein, da sie das Paradebeispiel eines solchen Schlusses vom Sein auf das Sollen sind, der, wie es heißt, unzulässig sei, weil mit der bloßen Tatsache, daß alle Wesen etwas erstrebten, nicht begründet werden könne, daß sie es erstreben *sollten* bzw. daß es *gut* sei, was sie erstrebten. Zudem scheint Eudoxos in ähnlicher Weise der Mehrdeutigkeit eines Ausdrucks erlegen zu sein, wie es John Stuart Mill in den Augen seiner Kritiker mit dem englischen „desirable" ergangen ist. Ein zentraler Begriff in Eudoxos' Argumentation ist das *haireton,* und dieses Wort ist dreideutig. Es kann heißen „erwählt", „wählbar" oder „wählenswert (= zu wählen)". Wenn man dann in Argument (1) liest, das *haireton* sei das Gute, so wäre der Satz unstrittig, wenn man übersetzte, das „Wählenswerte" sei das Gute. Das Argument erfordert aber, daß das tatsächlich „Erwählte" als das Gute zu gelten habe, und man könnte meinen, daß Eudoxos sich des Beweisfehlers einer Quaternio terminorum schuldig mache, indem er die beiden Bedeutungen nicht klar unterscheide und statt „erwählt" unvermerkt „wählenswert" verstehe. Allein dieser Vorwurf zumindest ist eindeutig unberechtigt. Denn Eudoxos liefert ausdrücklich eine Begründung für den Satz, daß das tatsächlich Erwählte das Gute sei, erreicht ihn also nicht durch einen übersehenen Doppelsinn. Die Begründung lautet, daß jedes Wesen das finde, was für es selbst gut sei, und dieser Gedanke ist zu verstehen vor dem Hintergrund eines Weltbildes, das in der griechischen philosophischen Klassik vorherrscht und dem zufolge alle Dinge ein geordnetes Ganzes, einen Kosmos, bilden, in dem jedem sein Platz zugewiesen und seine Rolle vorgeschrieben ist, so daß also durch die Weltordnung vorgegeben ist, was für jedes gut und welches Verhalten das richtige ist. Legt man diese Weltdeutung zugrunde, dann hätte Eudoxos folgendermaßen gedacht: Um das höchste Gut zu entdecken, muß man herausfinden, wonach alle Wesen tatsächlich am meisten streben; denn dieses ist das in der Weltordnung für sie vorgesehene Gute, weil andernfalls die Ordnung nicht verwirklicht, die Welt also gar kein Kosmos wäre. Und zwar muß es das *am meisten* Erstrebte sein, weil ja das *höchste* Gut gesucht wird, und man muß *alle* Wesen berücksichtigen, also nicht nur die vernunftbegabten, sondern auch die vernunftlosen, wie Eudoxos ausdrücklich hervorhebt. Denn in einem Kosmos kann es nur *ein* höchstes Gut geben, das für alle Wesen dasselbe ist, weil anders nicht auszuschließen wäre, daß unentscheidbare Normenkonflikte entstünden, so daß in Wahrheit keine in sich konsistente Ordnung vorläge. Solange man sich also nicht vergewissert hat, ob alle Wesen nach demselben streben, so lange bleibt zweifelhaft, ob man das höchste Gut entdeckt hat. Hinzu kommt bei Eudoxos sicherlich noch der platonisierende Gedanke, daß das höchste Gut *das* Gute sein muß, welches das *allen* guten Dingen Gemeinsame ist.

Stellt man im Lichte dieser Interpretation nun noch einmal die Frage nach dem „naturalistischen Fehlschluß", so fällt die Antwort schwer. Es handelt sich hier vermutlich um einen jener zahlreichen kaum entscheidbaren Fälle, der erneut in Erinnerung ruft, daß es nicht leicht ist, in der Geschichte eine Ethik nachzuweisen, die eindeutig naturalistisch schließt, selbst dort, wo man sich, wie in der Antike, der Problematik noch gar nicht bewußt war. Ohne auf das Thema hier näher einzugehen, nur diese kurze Bemerkung: Naturalismus liegt, grob gesprochen, vor, wenn gefolgert wird: Da die Dinge so und so beschaffen sind, ist das und das gut. Dabei ist wesentlich, daß die Aussagen über die Beschaffenheit der Dinge rein deskriptiv sind. Das ist jedoch schwer zu entscheiden, wenn man die Welt als einen Kosmos beschreibt, zu dem man selbst gehört. Es ist fraglich, ob eine solche Beschreibung denkbar ist, ohne daß man den

Kosmos und die in ihm enthaltenen Wertungen gleichzeitig bejaht.

Argument (3) gibt Antwort auf Bedingung (b), daß das höchste Gut einen Wert an sich darstellen und nicht wegen eines anderen erstrebt werden müsse. Diese Bedingung versteht sich von selbst, denn wenn etwas nicht um seiner selbst willen begehrt wird, sondern seinen Wert nur daraus bezieht, daß es Mittel zu etwas anderem ist, dann ist jenes andere der höhere Wert. Wichtig für das Verständnis Epikurs ist das Besondere, daß Eudoxos, ebenso wie Platon an der zitierten Stelle des *Gastmahls*, diesen Punkt zugleich unter metaethischem Aspekt betrachtet, indem er auf die Funktion verweist, die das höchste Gut im Zusammenhang rationaler Begründung ausübt: daß nämlich bei ihm alles Fragen nach Rechtfertigung ein absolutes Ende findet. D.h. als höchstes Gut kann nur das gelten, bei dem jedermann sogleich einsieht, daß, wenn die Begründung hier angelangt ist, eine weitere nicht mehr gegeben werden kann und muß, so daß jede darüber hinausgehende Frage unverständlich ist.

Schwieriger zu deuten sind die Argumente (4) und (5). Ich schlage vor, sie so zu verstehen, daß beide sich auf Bedingung (c) beziehen, daß das höchste Gut als dasjenige auszuweisen ist, von dem alle anderen Güter ihren Wert herleiten, weil sie allesamt nur Mittel zu ihm als letztem Zweck sind. Aristoteles wendet gegen Argument (4) ein, daß damit zwar etwas als Gut unter anderen, aber nicht als höchstes Gut ausweisbar sei, daß es im Gegenteil dazu dienen könne, etwas als höchstes Gut auszuschließen. Denn es beweise ja gerade, daß etwas anderes, nämlich das aus dem fraglichen und einem anderen Gut Zusammengesetzte, wählenswerter sei. Höchstes Gut aber könne nur etwas sein, dessen Wert durch keine Hinzufügung mehr steigerbar sei. Ich meine, daß Aristoteles hier, im Bestreben, Eudoxos' Hedonismus zu widerlegen, möglicherweise voreilig kritisiert. Es ist nicht sehr wahrscheinlich, daß Eudoxos diesen einfachen und naheliegenden Einwand übersehen haben sollte, zumal er ihn dann schon von Platon, auf den Aristoteles sich beruft, zu hören bekommen haben dürfte, auch wenn der *Philebos*, in dem

Platon von dem Einwand Gebrauch macht (20e ff. 60b ff.), erst später, als Replik auf Eudoxos, geschrieben worden sein sollte. Eudoxos wird mit dem Argument daher wohl etwas anderes gemeint haben, zum Teil vielleicht sogar eine Entkräftung des Platonischen Einwandes. Nämlich etwa dieses: Gewiß ist es nicht denkbar, daß das höchste Gut durch etwas anderes in seinem Wert gesteigert wird, wohl aber durch sich selbst; so ist mehr Lust wählenswerter als weniger Lust. Wenn nun eine bestimmte Gegebenheit wie die Lust den Wert jedes beliebigen Gutes steigert, dann folgt, daß alle Güter ihren Wert von ihr herleiten und sie also das höchste Gut ist; denn da das Gute nur durch sich selbst vermehrt wird, so muß dasjenige, das allen Gütern den Wert verleiht, auch schon die Lust sein, weil sonst durch ihr Hinzutreten keine Wertsteigerung stattfinden würde. Eudoxos' Beispiel ist dann so zu konstruieren: Wird durch die Lust der Wert des Rechttuns erhöht, dann leitet sich dessen eigener Wert auch von der Lust ab, d.h. es ist nur Mittel zum Erwerb oder Erhalt der Lust, deren Gesamtquantität sich vergrößert, wenn die Handhabung des Mittels selbst schon von Lust begleitet ist. Also kann durch die Feststellung, daß durch die Hinzufügung von etwas zu beliebigen Gütern diese noch wählenswerter werden, sichergestellt werden, daß sie allesamt um seinetwillen begehrt werden und somit von ihm abgeleitet sind.

Argument (5) soll offenbar auf anderem Wege dasselbe erreichen. Der Kontext, in dem es bei Aristoteles erwähnt wird, legt folgende Deutung nahe. Alles Lob geschieht im Hinblick auf das Gute: weil etwas eine gute Eigenschaft besitzt oder in einem bestimmten Verhältnis zum Guten steht. D.h. durch Loben tun wir kund, daß etwas am Guten teilhat und daher selbst als gut zu betrachten ist, so daß der Sinn des Lobens darin besteht, auf etwas hinzuweisen, dessen Wert nicht jedermann vor Augen liegt. Deswegen wird das höchste Gut nicht gelobt; denn es ist dasjenige, was alle Wesen ohnehin erstreben und im Hinblick worauf alles Lob stattfindet. Loben heißt somit immer etwas als abgeleitetes Gut aufzeigen. Wenn demnach etwas eindeutig als Gut anerkannt und dennoch nicht gelobt wird, so ist das ein sicheres Zeichen dafür, daß es sich um das höchste Gut handelt und daß alle lobenswerten Dinge, d.h. alle anderen Güter, ihren Wert von ihm herleiten. In eins mit dieser Beweisabsicht soll das Argument sicher auch als geistreiche Umkehrung des Einwandes dienen, daß die Lust kein Gut sein könne, weil niemand das Luststreben lobe. Eudoxos entgegnet, daß dies eben gerade im Gegenteil beweise, daß sie das *höchste* Gut sein müsse.

Nachdem er also die Bedingungen formuliert hat, die an das höchste Gut zu stellen seien, kommt er zu dem Ergebnis, daß nicht die Eudämonie, sondern allein die Lust sie alle restlos erfülle. Nach ihr strebten alle Wesen zweifellos am meisten und mieden ebenso die Unlust. Sie werde stets um ihrer selbst willen begehrt, und jeder erkenne an, daß, wenn jemand antworte, er tue etwas, weil es ihm Spaß mache, jede weitere Frage sinnlos sei. Und sie sei dasjenige Gut, aus dem alle übrigen abgeleitet seien; denn wenn sie zu irgendeinem beliebigen Gut hinzukomme, erhöhe sich der Wert, und sie werde, obwohl ein Gut, nicht gelobt. Von der Eudämonie dagegen kann man zwar sagen, daß sie um ihrer selbst willen und anderes um ihretwillen erstrebt wird, aber sie erfüllt die Bedingung (a) nicht, weil undenkbar ist, daß nicht nur die vernunftbegabten, sondern auch die vernunftlosen Wesen nach ihr streben. Von der Lust bereitet das keine Schwierigkeiten, sofern sie als eine einfache sinnliche Gegebenheit aufgefaßt wird, über die auch die Tiere verfügen. Die Eudämonie indessen ist ein komplexer Vernunftbegriff, in dem mehrere Faktoren zusammengefaßt sind. Er bedeutet, daß man von einem „guten Dämon" gelenkt wird, so daß man seine Rolle in der Welt wirklich ausfüllt und alles Erstrebenswerte tatsächlich erreicht, also ein „gelingendes Leben" führt. Um aber zu einer solchen Vorstellung fähig zu sein, muß man auf sich selbst und seine Stellung in Gesellschaft und Kosmos reflektieren können, und dazu bedarf es der Vernunft, weshalb vernunftlose Wesen gar nicht über den Begriff der Eudämonie verfügen und folglich nicht nach ihr streben können. Diese Überlegung stellt freilich eine sehr unsichere, spekulative Deutung dar; was Eudoxos in Wahrheit über die Eudämonie gedacht hat, ist nicht überliefert. Daß sein Hedonismus als Gegenthese gegen den Eudämonismus konzipiert ist, schließe ich zum einen daraus, daß er eben das Argument, mit dem Platon die Eudämonie als höchsten und letztbegründenden Wert ausweisen möchte, verwendet, um statt dessen die Lust an diese Stelle zu heben. Zum andern versteht Aristoteles, der Eudoxos selbst gehört hat, dessen Lehre offensichtlich als Gegenposition gegen den Eudämonismus.

b) Aristippos von Kyrene

Aristipp war ein Schüler des Sokrates und lebte ca. 435–360 v. Chr. Das über ihn persönlich Überlieferte erschöpft sich im wesentlichen in Anekdoten, die seine sinnenfrohe, weltläufige und anpassungsfähige Lebensart dokumentieren sollen. Was wir über die Lehre wissen, tritt meist unter dem Namen seiner Schule, der Kyrenaiker, auf, so daß es schwerfällt, herauszufinden, welche Lehrinhalte auf ihn selbst zurückgehen und wieviel von seinen Schülern stammt, von denen seinem gleichnamigen Enkel, Aristipp d. J., zuweilen eine besondere Bedeutung zuerkannt wird. Erst für die spätere Zeit lassen sich bestimmte Zuschreibungen vornehmen, nämlich an Theodoros, Hegesias und Annikeris; aber bei ihnen handelt es sich bereits um zum Teil jüngere Zeitgenossen Epikurs, die eher von ihm beeinflußt sein könnten als umgekehrt. Ich werde daher im Folgenden den älteren Kyrenaismus so behandeln, als sei er ganz dem Schulgründer zuzumessen, was für unseren Zweck ausreichend ist; denn selbst wenn es nicht zutreffen sollte, wäre das nicht weiter abträglich, da es nur darum geht, den vorepikureischen Hedonismus zu beleuchten, wobei es keine Rolle spielt, aus wessen Kopf er entsprungen ist, weil wir ohnehin nicht im einzelnen wissen, was Epikur zur Kenntnis genommen hat und was nicht, und wir somit auch keinen Denker als möglichen Anreger ausschließen können.

Nimmt man, was überliefert ist, zusammen, so läßt sich Aristipps Lehre nach meinem Dafürhalten am besten so deuten, daß sie eine mögliche Konsequenz des aufkommenden Individualismus ist, der dann im Hellenismus zur vollen Entfaltung gelangt. Das gleiche gilt übrigens für Antisthenes, den Mitschüler bei Sokrates und Begründer des Kynismus, der in einem vergleichbaren Verhältnis zum Stoizismus steht wie der Kyrenaismus zum Epikureismus. Diese ersten Individualisten werden aber offensichtlich mit den Schwierigkeiten einer solchen Weltdeutung noch nicht fertig; sie kommen vornehmlich zu negativen, pessimistischen Konsequenzen.

Aristipp stellt die Grundfrage, was dem Menschen eigentlich ursprünglich gegeben ist, und er kommt zu dem Schluß, daß dies allein seine eigenen, persönlichen Empfindungen *(pathê)* seien. Nur sie seien wirklich faßbar; ob ihnen aber ein äußerer Gegenstand zugrunde liege, der sie hervorrufe und ihnen entspreche, darüber sei keine Sicherheit erreichbar. So wüßten wir zwar unwiderleglich, daß wir jetzt eine Weißempfindung oder eine Süßempfindung hätten, jedoch bleibe ungewiß, ob sie von einem weißen oder süßen Gegenstand herrührten, der außerhalb ihrer existiere (Man. Fr. 217). Aristipp sieht also den Menschen als einzelnes Individuum, das ganz in den Bereich seiner Empfindungen eingeschlossen ist, über den es nicht hinausgelangen kann. Es weiß folglich nicht einmal, ob es außer ihm überhaupt etwas gibt, geschweige denn, daß es sein Dasein so auffassen könnte, als sei es in eine übergreifende kosmische Ordnung eingebettet, die jedem seinen ihm bestimmten Platz anwiese, so wie wir es bei Eudoxos gesehen haben und wie es in gleicher Weise für die übrigen Klassiker gilt. Man hat Aristipp wegen dieser Lehre zum Schüler des Protagoras gemacht, dessen Satz „Der Mensch ist das Maß aller Dinge, der seienden, daß sie sind, der nicht seienden, daß sie nicht sind" eine ähnliche Auffassung bekunde. In der Tat macht Platon im *Theätet* vom Homo-mensura-Satz einen Gebrauch, der ihn in die Nähe des Aristippischen Denkens rückt. Es ist indessen geistesgeschichtlich nicht sehr wahrscheinlich, daß die Art, wie Platon den Satz verwendet, das trifft, was Protagoras ausdrücken wollte. Für ihn dürfte eher die Deutung gelten, die Sextus Empiricus überliefert und der zufolge er den Menschen nicht als Individuum, sondern als Kollektiv gemeint habe, so daß die Dinge alles das seien, was allen Menschen zusammengenommen erscheine

(PH I 218f.). Das würde die Interpretation stützen, nach der Platon im *Theätet* vor allem Aristipp im Auge gehabt habe. Jedenfalls ist erst bei diesem der Individualismus eindeutig belegt.

Aus der menschlichen Situation, wie sie sich ihm darstellt, zieht Aristipp dann die ethischen Konsequenzen. Da das einzige, was dem Menschen zuverlässig erfaßbar ist, seine eigenen, privaten Empfindungen sind, so muß er auch sein Handeln nach diesen Empfindungen richten. Nun sind diejenigen Empfindungen, die eine ursprüngliche Wertung enthalten, Lust und Unlust; denn zur Lust „fühlen wir uns von Kindheit an unwillkürlich hingezogen, und wenn wir sie erlangen, begehren wir nichts weiter", so daß sie für uns also „um ihrer selbst willen wählenswert" ist; und ebenso „meiden wir nichts so sehr wie die ihr entgegengesetzte Unlust" (DL II 88). Lust und Unlust sind somit das höchste Gut und Übel. Man sieht, daß Aristipp mit den gleichen Begriffen und Argumenten arbeitet, wie sie sich auch bei Eudoxos finden; allerdings beruft Aristipp sich nicht auf das Luststreben *aller* Wesen, sondern redet nur von „uns", und das heißt soviel wie, daß jeder nur für seine eigene Person sprechen kann, weil ja niemand über den Kreis seiner privaten Empfindungen hinausblicken kann.

Die Lust nun wird bestimmt als glatte, die Unlust als rauhe Bewegung (Man. Fr. 197). Aristipp d.J. vergleicht unsere entsprechenden Zustände mit denen des Meeres: „Es gebe, sagte er, in unserem Gemenge drei Zustände: einen, in dem wir Schmerz empfänden, der dem Sturm auf dem Meere gleiche; einen anderen, in dem wir Lust empfänden, der dem glatten Wellengang ähnele, denn die Lust sei eine glatte Bewegung, dem günstigen Winde vergleichbar; der dritte schließlich sei ein mittlerer Zustand, in dem wir weder Schmerz noch Lust empfänden, der der Meeresstille ähnlich sei" (Man. Fr. 201). Auf die Frage, *was* sich glatt oder rauh bewegt, geben die Quellen keine Auskunft. Der Ausdruck „Gemenge" *(synkrasis)* im obigen Zitat läßt alle Deutungen offen. Eine andere Quelle spricht von der „glatten Bewegung des Fleisches" *(sarx)*, was sehr nach Epikureischer Terminologie klingt (Man. Fr. 198), eine weitere von der „Bewegung der Seele“ (DL II 90); aber damit werden nur die Orte genannt, an denen die Bewegung stattfindet, ohne daß wir erführen, was es ist, das sich dort bewegt. Und auch die Formulierung, „das höchste Gut sei die glatte Bewegung, die zur Wahrnehmung *(aisthêsis)* aufsteige“, gibt keinen hinreichenden Aufschluß (DL II 85). Sie scheint indessen in anderer Hinsicht sehr bedeutsam. Denn offenbar ist die Lust schon für Aristipp ein reines Bewußtseinsphänomen, so daß es eine unbewußte Lust, wie sie etwa Platon (Phil. 21 b) annimmt, die in uns stattfindet, ohne daß wir sie wahrnehmen, nicht gibt. Dazu würde die Lehre passen, „daß Lüste nicht durch das bloße Sehen oder Hören entstünden; jedenfalls hören wir diejenigen, die Wehklagen nur nachahmen, mit Lust, die in Wahrheit Klagenden mit Unlust“. Das ist so zu verstehen, daß Lust nicht schon durch die bloße Reizung des Sinnesorgans und in diesem entsteht, sondern erst im zentralen Bewußtsein *(dianoia)*, das die gesamte (Empfindungs-)Situation erfaßt (Man. Fr. 189 f.).

Über die Vielfalt der Lust heißt es, „daß Lust von Lust sich nicht unterscheide und nichts lustvoller sei“ (Man. Fr. 191). Damit ist gewiß nicht gemeint, daß die Lust überhaupt keinerlei Grade kenne, so daß nie eine Sache lustvoller sei als eine andere. Was Aristipp bekämpft, ist die *qualitative* Unterscheidung verschiedener Lustarten, sofern sie zugleich einen Wertunterschied begründen soll, der nicht rein quantitativ ist. Zugrunde liegt wohl derselbe Gedanke, den auch Eudoxos vertritt, daß das höchste Gut nur durch sich selbst, also rein quantitativ, vermehrt oder vermindert werden könne. Vielleicht so: Nimmt man zwei verschiedene Lustarten, z. B. körperliche und seelische Lust, von denen die eine wertvoller sein soll als die andere, so bleiben zwei Möglichkeiten. Entweder der Wertunterschied liegt in dem, was beiden gemeinsam ist und was sie zur Lust macht, dann kann er nur quantitativ sein, d. h. in der einen Art ist mehr von *derselben* Gegebenheit als in der anderen. Oder der Wertunterschied beruht auf dem, was in beiden verschieden ist, in den artbildenden Eigenheiten, dann ist die Lust nicht das höchste Gut, von dem alle anderen Werte abgeleitet sind, denn der Wertunterschied der beiden Lustarten ist auf etwas anderes als Lust zurückzuführen. Deswegen gibt Platon in seiner Hedonismuskritik sich große Mühe, mehrere Lustarten qualitativ wertend zu unterscheiden (Phil. 12c ff.). Zwar trennt auch Aristipp körperliche und seelische Lüste und lehrt, „die körperlichen seien viel besser als die seelischen und die körperlichen Unlüste schlimmer, weshalb man die Übeltäter auch mehr mit diesen bestrafe; denn dies Leiden hielten sie [die Kyrenaiker] für beschwerlicher, die Lust für willkommener, weshalb sie sich auch mehr um das Körperliche kümmerten" (DL II 90). Aristipp betont zudem, „daß nicht alle seelischen Lüste und Unlüste aufgrund körperlicher Lüste und Unlüste entstünden, denn auch aufgrund des bloßen Gedeihens des Vaterlandes komme Freude auf wie aufgrund des eigenen" (ebd. 89). Trotzdem stehen diese Äußerungen nicht im Widerspruch zu der Auffassung, daß „Lust sich nicht von Lust unterscheide", wenn man sie so interpretiert, wie sie allem Anschein nach gemeint sind: Lust ist stets ein und dasselbe, nämlich wahrgenommene glatte Bewegung. Diese kann nun freilich im Körper oder/und in der Seele stattfinden, und im ersteren Fall ist die Empfindung regelmäßig stärker als im letzteren. D.h. die Lüste lassen sich wohl unterteilen nach dem Medium, in dem sie auftreten, aber ihr Wertunterschied ist rein quantitativer Natur.

Auch für Aristipp, wie für Eudoxos, ist der Hedonismus eine Gegenposition zum Eudämonismus. Es heißt dazu: „Sie [die Kyrenaiker] lehren auch, daß das höchste Gut vom Glück verschieden sei. Denn das höchste Gut sei die einzelne Lust, das Glück dagegen die Zusammenstellung *(systêma)* aus den einzelnen Lüsten, denen sowohl die vergangenen als auch die zukünftigen zugezählt würden. Und die einzelne Lust sei um ihrer selbst willen wählenswert, das Glück nicht um seiner selbst willen, sondern um der einzelnen Lüste willen" (DL II 87f.). Die Quelle ist nicht sehr ausführlich, aber dahinter dürfte der folgende Gedanke stehen: Der Begriff der Eudämonie umfaßt das gesamte Leben eines Menschen von der Geburt bis zum Tode. Jemand ist erst dann glücklich zu nennen, wenn man seinen ganzen Lebenslauf überblickt und feststellt, daß er mit guten Dingen, für Aristipp also mit Lust, angefüllt war. Dann aber kann die Eudämonie nicht das höchste Gut sein; denn sie ist ja nichts anderes als die „Zusammenstellung aus den einzelnen Lüsten“ und infolgedessen in ihrem Wert von diesen abhängig; denn wenn sie keinen Wert besäßen, wäre auch ihre Zusammenfassung wertlos. Freilich kann das Ganze mehr sein als die Summe seiner Teile, so daß es an sich durchaus denkbar wäre, daß erst durch die Zusammenstellung aller einzelnen Lüste ein Wert entsteht, den die einzelnen Lüste für sich nicht haben. Aber das trifft in diesem Falle nicht zu. Denn Lust ist, wie alles, was wir haben, eine subjektive Empfindung und als solche immer „einzeitig“ *(monochronos)*, sie ist auf die jeweilige Gegenwart eingeschränkt. „In der Erinnerung oder Erwartung der Güter entsteht keine Lust ..., denn durch die Zeit löst sich die Bewegung der Seele auf.“ D.h. da Lust Bewegung ist, vergeht sie, sobald das, was sie antreibt, nicht mehr gegenwärtig ist. Die Erinnerung an vergangene Lust aber ist selbst keine Lust, denn sonst müßte sie die Bewegung erneuern, und dann wäre es wiederum gegenwärtige und nicht vergangene Lust. Das Entsprechende gilt für die Erwartung zukünftiger Lust. Daraus, daß man ein ganzes Leben in Erinnerung und Erwartung zusammenstellt, entspringt also keine Vermehrung der Lust, d.h. des Guten; denn „das Genossenhaben und das Genießenwerden“ fügen nichts hinzu, da „das eine nicht mehr, das andere noch nicht ist“. Folglich ist dies kein Fall, in dem das Ganze mehr wäre als die Summe seiner Teile, da im Gegenteil nicht einmal die Summe mehr ist als der Teil. Das höchste Gut ist somit die einzelne, gegenwärtige Lustempfindung, sie allein ist um ihrer selbst willen wählenswert, und an sie müssen wir uns daher halten. Es hat weder Sinn „für das Vergangene nachzusorgen noch für das Kommende vorzusorgen“, vielmehr ist geboten, „das Augenmerk auf dem gegenwärtigen Tag zu halten und wiederum auf dem Teil des Tages, an dem jeder gerade etwas tut oder bedenkt“. Denn „es genügt, wenn man jede [Lust] einzeln, wie sie sich bietet, genießt“ (DL II 89–91. Man. Fr. 207f.).

Das ist auch der einzige Weg, die Lust zu beherrschen und nicht durch sorgende Abhängigkeit sich Unlust zu bereiten.

Das am häufigsten zitierte Bonmot Aristipps ist die Kennzeichnung seiner Beziehung zur Hetäre Lais: „Ich besitze, werde aber nicht besessen. Denn die Lüste beherrschen und ihnen nicht erliegen ist das Beste, nicht enthaltsam sein“ (DL II 75). Nicht nur im Individualismus, sondern auch in diesem Bestreben, selbst über die Lust verfügen zu wollen, antizipiert Aristipp die dann für den Hellenismus typische Haltung Epikurs.

Die Eudämonie dagegen sieht er noch anders. Sie wird für ihn nicht um ihrer selbst willen erstrebt, sondern um der einzelnen Lust willen. Da diese das höchste Gut ist, suchen wir in jedem Augenblick unseres Lebens das Lustvollste, und wenn wir stets vom Erfolg begleitet werden, bewirken wir damit zugleich die Eudämonie. D.h. weil wir die einzelne Lust, als das höchste Gut, immer wollen, *deshalb* wollen wir auch die Eudämonie – wiewohl ein vollkommenes Glück kaum erreichbar ist, denn „die Anhäufung der Lüste, die die Eudämonie ausmacht, ist äußerst schwierig“, weil „die Ursachen einiger Lüste oft unlustvoll entgegenstehen“, d.i. der Lusterwerb häufig mit Unlust verbunden ist (DL II 90). Es ist bemerkenswert, daß die ersten eindeutig hedonistischen Philosophien, die des Eudoxos von Knidos und die des Aristippos von Kyrene, beide antieudämonistisch sind, während wir uns doch eher angewöhnt haben, Hedonismus und Eudämonismus miteinander zu verbinden, so daß oft, vor allem im angelsächsischen Sprachraum, die Begriffe synonym gebraucht werden. Das ist offensichtlich die Wirkung Epikurs. Der Antieudämonismus resultiert aus dem klassischen Glücksbegriff, dem auch Aristipp verhaftet bleibt, insofern die Eudämonie für ihn ein objektiver, vom bloßen subjektiven Bewußtsein unabhängiger Zustand ist. Der Begriff ist noch nicht so radikal verinnerlicht, wie es bei Epikur und seinen Zeitgenossen geschieht. Die Eudämonie ist nicht allein vom subjektiven Empfinden abhängig, sie übergreift den gegenwärtigen Empfindungszustand. Um sie jemandem zusprechen zu können, muß man die einzelnen Empfindungszustände des gesamten Lebens addieren und auf ihren Lust- und Unlustgehalt überprüfen, also eine schlichte Rechenaufgabe, die für jedermann nachvollziehbar und objektivierbar ist.

Leider ist für uns nicht mehr faßbar, wann und vor allem wie der Begriff der Lust sich überhaupt in der griechischen Philosophie herausgebildet hat, wie also die Griechen dazu kamen, Lust als eine bestimmte, identifizierbare Gegebenheit aufzufassen, durch die sich so heterogene Dinge wie z.B. Essen, Lieben, Musikhören unter einem einzigen Begriff zusammenfassen ließen, was ja eine beachtliche klassifikatorische Leistung darstellt – obgleich freilich nicht ausgemacht ist, ob wir den Griechen für diese Leistung Dank schulden oder ob durch sie mehr Verwirrung als Klarheit gestiftet worden ist. Soweit unsere Kenntnis der philosophischen Literatur zurückreicht jedenfalls, liegt der Begriff fertig vor. D.h. die Griechen stritten nicht mehr, ob es so etwas wie Lust gebe, das allen den genannten und anderen Tätigkeiten gemeinsam sei; hierüber bestand Einigkeit, und man rechnete die Lust gemeinhin zu den *pathê*, den „Empfindungen" oder „Affekten". Gestritten wurde darüber, was das Wesen der Lust sei und wie man zu ihr zu stehen habe. Hier ist indessen nicht der Raum, alle Theorien im einzelnen zu erörtern. Ich beschränke mich auf diejenigen, die für die Entwicklung des Epikureischen Denkens bedeutsam zu sein scheinen.

Was das Wesen der Lust betrifft, so war die gängigste Auffassung, daß die Lust in dem Übergang von einem widernatürlichen in den natürlichen Zustand bestehe. Im widernatürlichen Zustand empfänden wir Unlust, während die Rückkehr in den natürlichen Zustand als Lustempfindung auftrete. Z. B. beim Essen: Wenn es dem Körper an Nahrung mangele, stelle sich das Unlustgefühl des Hungers ein; wenn wir dann den Nahrungsmangel durch „Auffüllung" beseitigten, bereite dies Lust (Platon, Phil. 42c f.; Aristoteles, NE 1173b 7ff.). Dieses Modell hatte den Vorteil, daß es zum einen die Vergänglichkeit der Lust erklärte und zum anderen, mit Hilfe metaphysischer Begriffe, verständlich machte, warum die Lust für uns mit positivem, die Unlust mit negativem Wert besetzt ist. Denn die letztere ist ein Zustand, der der natürlichen Ordnung widerspricht und daher gemieden werden muß, während die Lust die Wiederherstellung des Zustandes ist, in dem wir uns befinden sollen. Freilich war das Modell eigentlich nur auf die körperlichen Lüste anwendbar, an denen es sich auch orientierte, wogegen es auf die ästhetischen Genüsse z. B. oder die Lust an theoretischer Erkenntnis, die verständlicherweise gerade den Philosophen am Herzen lag, weniger paßte. Es wurde aber vor allem auch von den Lustgegnern hochgehalten, weil es, auf dem zeitgenössischen metaphysischen Boden, reichlich Angriffsfläche bot.

Was die Einschätzung der Lust angeht, so berichtet Aristoteles, es habe neben dem Hedonismus, für den die Lust das höchste Gut ist, drei weitere unterschiedene Einstellungen gegeben. Die einen sprächen der Lust jeglichen Wert schlechthin ab, die anderen hielten einige Lüste für gut, die meisten aber für schlecht, und die dritten meinten, auch wenn alle Lust gut sei, so könne sie doch niemals das *höchste* Gut sein (NE 1152 b 8 ff.; 1172 a 27 ff.). Diese Positionen unterscheiden sich im Grunde nur durch die Radikalität, mit der die Lust bekämpft wird, infolgedessen werden auch zum großen Teil dieselben Argumente verwendet. Im dunkeln bleibt leider auch bei der Lustgegnerschaft ihr Ursprung. Dabei ist diese Frage nicht minder interessant als die der Entstehung des Lustbegriffs überhaupt, denn schließlich hat die Ablehnung der Lust die abendländische Geschichte weit nachhaltiger geprägt als der Hedonismus. Ich rede hier nur von der philosophisch reflektierten Ablehnung der Lust und nicht von allfälligen erzieherischen Alltagsregeln, daß es nicht gut sei, zuviel zu essen oder zu trinken, daß das Leben noch andere Dinge biete außer feinen Speisen, edlen Weinen und schönen Frauen u. ä. Gewiß kennen wir die philosophischen Argumente, die gegen die Lust vorgebracht wurden, oder wenigstens viele von ihnen. Aber die Argumente, die gegen eine Sache tatsächlich ins Feld geführt werden, sind durchaus keine zuverlässigen Zeugen der wirklichen Motivation; sie werden oft erst nachträglich zur Untermauerung einer bereits entschiedenen These zusammengesucht und dienen in nicht wenigen Fällen der Verschleierung des wahrhaften Hintergrundes. Rechnet man alles, was wir sicher wissen, zusammen, dann scheint sich die Lustfeindlichkeit besonders in der sokratischen

Tradition herausgebildet zu haben, wobei freilich nicht so sehr an Sokrates selbst zu denken ist – denn schließlich war auch Aristipp sein Schüler –, sondern an einen bestimmten Teil der von ihm ausgehenden Denkrichtungen. So kommen für Aristoteles' erste Gruppe, die radikalen Lustgegner, Antisthenes und Platons Neffe und Nachfolger in der Schulleitung, Speusipp, in Frage, während bei dem zweiten Standpunkt, der wertmäßigen Unterscheidung der Lüste, Aristoteles wohl in erster Linie an Platon selbst gedacht hat; und auch die dritte Gruppe, die der Lust nur den Rang des höchsten Gutes abspricht, dürfte im Umkreis Platons zu suchen sein und sich vornehmlich gegen Eudoxos gerichtet haben.

Fragt man nach dem Grund der Ablehnung der Lust, so wird er wohl letztlich im sokratischen Erkenntnisideal zu finden sein. Aus der Vorstellung, daß die Wahrheit zu jeder Zeit und für jedermann gilt, entstand die Auffassung, daß das Wahre und Gute unwandelbar und in allen Instanzen dasselbe sein müsse. Folglich kann etwas, das vergänglich ist, kein wahres Gut sein. Vor diesem Hintergrund wird die Ablehnung der Lust verständlich, wobei dem erwähnten gängigen Lustmodell eine entscheidende Rolle zukommt. Denn wenn die Lust ein bloßer Übergang ist, dann ist klar, daß sie kein Gut sein kann. So lautet das wichtigste Argument der radikalen Lustgegner (in Aristoteles' Referat): Die Lust „ist überhaupt kein Gut, weil alle Lust ein wahrnehmbares Werden zum Naturgemäßen ist, kein Werden aber den Endzuständen artverwandt ist, wie kein Hausbau dem Haus" (NE 1152b 12ff.). Was hier mit „Endzustand" übersetzt wurde, lautet im Griechischen *telos*, und dieser Ausdruck bedeutet zugleich soviel wie „Ziel" oder „Zweck". Auf diesem Bedeutungsumfang fußt das Argument. Es zerlegt alles Werden, d.h. jeden dynamischen Prozeß, in zwei Teile, die es zwei grundsätzlich verschiedenen Seinsordnungen zuschreibt, eben in die eigentliche dynamische Entwicklung und einen daraus resultierenden statischen Zustand. Von diesem letzteren nimmt es an, daß er zugleich der Zweck des ganzen Prozesses sei, während das Werden nur das Mittel dazu darstelle. Daraus ergibt sich dann, daß der Endzustand, als Zweck, der Ordnung des Guten angehören muß und also das Werden, da einer anderen Ordnung zugehörig, kein Gut sein kann. Da nun die Lust ein Werden ist, so ist sie kein Gut (Platon, Phil. 53c ff.).

In dieselbe Richtung weist ein anderes Argument, das Aristoteles wiedergibt: „Ferner: Es gibt keine Technik der Lust, während doch alles Gut ein Werk der Technik ist" (NE 1152b 18f.). Um diesen Gedanken zu verstehen, der angesichts der auch unter den Griechen verbreiteten zahlreichen Techniken der Lusterzeugung zunächst befremdet, muß man eine Passage aus Platons *Gorgias* heranziehen (462b–466a), wo zwischen Technik *(technê)* und bloßer Fertigkeit *(empeiria)* unterschieden wird. Der Technik geht es um das wahrhaft Gute, sie basiert auf der wissenschaftlichen Erkenntnis der wahren Natur der Dinge, während es die Fertigkeit nur auf das Angenehme und Lustvolle abgesehen hat. So ist die Kochkunst im Gegensatz zur Heilkunst eine bloße Fertigkeit, die nur darauf aus ist, den Menschen zu schmeicheln, ohne sich darum zu kümmern, welche Speisen in Wahrheit für den Leib am besten sind. Dergleichen Vorstellungen müssen auch hinter dem von Aristoteles erwähnten Argument stehen. Das wahrhaft Gute ist unwandelbar und somit wissenschaftlicher Erkenntnis zugänglich; von der Lust dagegen, als bloßem flüchtigem Übergang, ist keine wissenschaftlich fundierte Technik möglich, folglich ist sie kein Gut.

Besondere Schwierigkeit scheint den Lustgegnern das Argument aus dem Gegenteil gemacht zu haben, das uns bei Eudoxos begegnet ist und wonach die Lust deshalb ein Gut sein soll, weil ihr Gegenteil, die Unlust, ein Übel sei. Speusipp versucht, es durch die Konstruktion eines Dreiecksgegensatzverhältnisses zu entkräften. Zwar sei die Unlust ein Übel und die Lust ihr Gegenteil, aber dennoch folge nicht, daß diese ein Gut sei. Denn wie das Größere nicht nur zum Kleineren, sondern auch zum Gleichgroßen den Gegensatz bilde, ebenso sei die Lust nicht nur der Gegensatz zur Unlust, sondern auch zum mittleren Zustand zwischen beiden, in dem wir weder Lust noch Unlust empfänden. Daher seien Lust und Unlust wohl einander entgegengesetzt, aber dennoch beide Übel, weil beide außerdem zum mittleren Zustand, der „Beschwerdefreiheit" *(aochlêsia)*, als dem Guten im Gegensatz stünden. Also sei das Argument des Eudoxos nicht triftig (Is. Fr. 108f.; 117; 101).

Platon setzt sich in seinem Spätdialog *Philebos* mit dem Hedonismus auseinander und entwickelt dort eine eigene Lusttheorie – mit beträchtlichem metaphysischem Aufwand. Er stellt die Frage, ob Lust oder Erkenntnis das höchste Gut sei, und kommt zu dem Ergebnis, daß weder das eine noch das andere für sich allein ausreiche, sondern das höchste Gut in einer Verbindung beider bestehe. Daß die Lust allein nicht genüge, begründet er damit, daß ein Leben aus lauter Lust ohne jede Form der Erkenntnis nicht wünschenswert sei, weil man dann auch keine Kenntnis davon habe, ob man Lust empfinde oder nicht. Weshalb andererseits ein Leben der Erkenntnis ohne jede Lust ebensowenig erstrebenswert sei, dafür nennt Platon leider keinen Grund, sondern behandelt die Vorstellung eines derartigen Lebens in einer Weise, daß der Eindruck entsteht, er halte sie für so absurd, daß sich eine nähere Erörterung erübrige. Das ist um so erstaunlicher, als die Vorstellung nicht wenige Anhänger hatte, so Antisthenes und die Kyniker, möglicherweise Platons Nachfolger Speusipp und später dann die Stoiker. Warum also Platon, der im übrigen in seiner Philosophie allem sinnlichen Erleben nicht eben zugetan ist, einen anderen Weg geht und den Hedonismus nicht vollständig ablehnt, bleibt Spekulation. Jedoch ist er bemüht, die Bedeutung der Lust erheblich einzuschränken. Zu diesem Zweck unterteilt er die Lust in zwei Arten, von denen nur die eine Teil des höchsten Gutes sei. Zur Bestimmung der ersten greift er auf das gängige Lustmodell zurück, nach dem Unlust die Zerstörung des natürlichen Zustands und Lust die Rückkehr in den naturgemäßen Zustand sei. Demnach sei diese Lust nie rein, sondern stets mit Unlust gemischt, weil sie ja der *Übergang* vom einen Zustand in den anderen sei, also nur so lange statthabe, wie noch nicht alle Unlust beseitigt sei, mit Erreichen dieses Zieles aber endige. Daneben gebe es jedoch eine Art von Lust, die rein und unvermischt mit Unlust sei. Als Beispiel nennt Platon die ästhetischen Genüsse schöner Formen, Klänge u.ä., ferner die Lust an der theoretischen Erkenntnis und – mit leichtem Unbehagen – die Freude an Wohlgerüchen. In allen diesen Fällen könne man nicht sagen, daß die Lust an eine Unlust geknüpft sei. Und nur diese reinen Lüste dürfe man dem höchsten Gute zurechnen, und auch sie nur an fünfter und letzter Stelle; die mit Unlust vermischten dagegen zählten nicht zu den Gütern.

Bedeutsam für die Beurteilung der Epikureischen Theorie ist nun neben der Zweiteilung der Lust vor allem die Art, wie Platon die unterschiedliche Bewertung der beiden Lustarten begründet. Denn er denkt hier nicht quantitativ nach dem Schema: Unlust beeinträchtigt die Lust, folglich ist mit Unlust vermischte Lust weniger Lust als reine Lust, folglich kann nur die reine Lust zum höchsten Gut gehören. Statt dessen argumentiert Platon mit den Wertbegriffen seiner Metaphysik. Die Reinheit ist ihm Kriterium der Wahrheit, Schönheit und des festen Maßes, während die unreine Lust des Übergangs, die ständig ihre Intensität wechselt, unter die Kategorie des Unbegrenzten, immer nur Werdenden, niemals aber Seienden fällt und daher nicht zur Ordnung des Wahren und Guten gerechnet werden darf. Das bedeutet, daß die Lust ihren Wert nicht in sich selbst trägt, daß sie keine eigenständige Quelle von Werten ist, sondern selbst der Bewertung nach anderen, metaphysischen Maßstäben unterliegt und nur so weit ein Gut zu nennen ist, wie sie diesen Maßstäben gerecht wird. Der Gedanke, daß die Lust überhaupt ein absoluter Wert sein könnte, wenn auch nicht der einzige, liegt Platon fern.

Ähnliches gilt für Aristoteles. Dieser behandelt den Lustbegriff in der *Nikomachischen Ethik* an zwei getrennten Stellen: in Buch VII, Kapitel 12–15 und in Buch X, Kapitel 1–5. Über das Verhältnis dieser beiden Passagen ist viel gerätselt worden; die wahrscheinlichste Lösung ist, daß es sich um zwei voneinander unabhängige Fassungen handelt, von denen die in Buch X die spätere ist. Auch Aristoteles lehnt den Hedonismus nicht schlechthin ab, sondern bemüht sich, ihn gegen seine Gegner in Schutz zu nehmen, so daß man, besonders aufgrund der Formulierungen des VII. Buches, gemeint hat, er selbst bekenne sich zu ihm. Aber das ist gewiß eine Fehldeutung, und im X. Buch wird dann eindeutig klargestellt, daß „die Lust nicht das höchste Gut ist“ (NE 1174a 8f.). Nichtsdestoweniger räumt Aristoteles der Lust einen höheren Rang ein als Platon.

Im VII. Buch bewegt er sich noch ganz in der Begrifflichkeit des gängigen Lustmodells. Er sucht zu zeigen, daß die Lust nur akzidentell ein Werden, ihrem Wesen nach aber ein Endziel sei. Er definiert sie als „ungehinderten Vollzug *(energeia)* des naturgemäßen Zustands *(hexis)*“ (NE 1153a 14f.). Sie liegt ihrem Wesen nach also nicht im Übergang vom naturwidrigen zum naturgemäßen Zustand – dort ist sie nur akzidentell –, sondern im erstrebten naturgemäßen Endzustand selbst, sofern dieser ungehindert sich vollzieht.

Im X. Buch wird dies dann mit anderen Begriffen differenzierter gefaßt. Der Grad der Lust ist abhängig von der Vollkommenheit des sinnlichen oder geistigen Vollzugs, an dem sie auftritt. Wenn das entsprechende Organ sich in guter Verfassung befindet und sich auf das hervorragendste seiner Objekte richtet, dann ist auch die Lust am größten. Und zwar ist sie es, die den Vollzug zu einem vollkommenen macht. Wie dieses genau zu verstehen ist, vermag Aristoteles allerdings nicht auf den Begriff zu bringen. Er versucht es zunächst negativ, indem er bemerkt, die Lust vollende den Vollzug nicht in derselben Weise wie das Organ und das Objekt, sofern diese hochwertig seien, wie ja auch die Gesundheit und der Arzt nicht in der gleichen Weise Ursache des Gesundseins seien. Und zur positiven Bestimmung behilft er sich ebenfalls mit einem Vergleich: Die Lust sei, im Gegensatz zur innewohnenden Verfassung, eine „hinzutretende Vollendung, so wie in der Blüte der Jahre sich die Schönheit einstellt“ (NE 1174b 33). Trotzdem sei sie mit dem Vollzug so eng und untrennbar verbunden, daß einige beides für dasselbe gehalten hätten, was aber unsinnig sei, da Lust nicht Denken oder Wahrnehmen sei.

Einer der Gründe, die Lust in einen Übergang, ein Werden zu verlegen, wie es im gängigen Lustmodell geschieht, war ihre rasche Vergänglichkeit, die in den Augen der Antihedonisten zugleich der wesentliche Makel war, der die Lust zum höchsten Gut ungeeignet machte. Die Vergänglichkeit nun bildet für Aristoteles ein Problem, da sie in seiner Auffassung, nach der die

Lust im aktiven Vollzug des naturgemäßen Zielzustandes liegt, nicht mehr ohne weiteres verständlich ist. Deswegen bemüht er zu ihrer Erklärung den Begriff der allgemeinen Ermüdung. Wie kein tätiger Vollzug beim Menschen von Dauer sein könne, so erschlaffe auch die Lust nach einer Weile.

Ebenso wie Platon bewertet auch Aristoteles die Lüste unterschiedlich, aber er teilt sie dazu nicht in zwei verschieden zu bewertende Klassen ein, sondern ordnet jeder Energeia, jedem tätigen Vollzug, eine spezifische Lust zu und macht den Wert der letzteren abhängig vom Wert der ersteren: Ist die Tätigkeit selbst von hohem Rang, so ist es auch die sie vollendende Lust, und umgekehrt ist die Lust einer minderwertigen Tätigkeit selbst minderwertig. Die Einstufung der Tätigkeiten nun geschieht bei Aristoteles, wie die Bewertung der Lüste bei Platon, mit Hilfe metaphysischer Begriffe. Zum einen verwendet auch er das Kriterium der Reinheit: Wie das Sehen dem Tasten, das Gehör und der Geruch dem Geschmack und allen die Vernunfttätigkeit an Reinheit überlegen sei, so auch die ihnen jeweils zugehörigen Lüste. Zum anderen ordnet Aristoteles jedem Lebewesen eine bestimmte Tätigkeit wesensmäßig zu, und folglich gibt es auch für jedes Lebewesen eine ihm wesensmäßig zugeordnete, spezifische Lust. Für das Pferd, den Hund, den Menschen ist jeweils etwas anderes lustvoll, für alle Pferde aber dasselbe. Auf die Menschen freilich trifft dies letztere nicht zu, da die Lustempfindungen bei ihnen stark variieren und den einen angenehm, was den anderen zuwider ist. Um dieser Schwierigkeit zu begegnen, greift Aristoteles, wie so oft, auf den Begriff des „vorzüglichen Menschen" *(spoudaios)* zurück. Da dieser den Wesensbegriff des Menschen am vollkommensten verkörpert, bildet er den objektiven Maßstab; was er als Lust empfindet, das ist auch wirklich Lust für den Menschen, wogegen davon abweichende Lustgefühle nicht Lust genannt werden dürfen; daß sie dennoch vielen so erscheinen, liegt an der Verderbtheit ihrer Natur. Von den dem Menschen „geziemenden" Lüsten nun sind diejenigen, die seine wesensmäßigen Tätigkeiten vollenden, seine „eigentlichen" Lüste, die übrigen sind es nur „in einem sekundären und noch entfernteren Sinne" (NE 1176a 24ff.).

Auch für Aristoteles ist Lust also kein ursprünglicher, eigenständiger Wertgeber, sondern ihr Wert ist selbst aus metaphysischen Vorstellungen abgeleitet. Die Tatsache allerdings, daß er den „vorzüglichen Menschen" als Zeugen anruft, könnte die gegenteilige Vermutung nähren, weil das doch offenbar bedeute, daß der Wert der Lust nur durch die ursprüngliche, unmittelbare Erfahrung eines Menschen gegeben und somit nicht ableitbar sei. Jedoch allein schon der Umstand, daß es die Erfahrung des „Vorzüglichen" sein muß, die über die Lust entscheidet, zeigt, daß es so nicht sein kann, weil „vorzüglich" selbst bereits ein Wertbegriff, der Wert der Lust also nichtsdestoweniger fundiert ist. Vor allem aber sagt Aristoteles an anderer Stelle, daß „nicht gut ist, wer an den schönen Taten sich nicht erfreut" (NE 1099a 17). Er würde also zirkulär denken, wenn er einerseits den Wert der Lüste am Empfinden der guten Menschen bemäße, andererseits aber das rechte Lustempfinden zum Kriterium der guten Menschen machte. Man darf ihn daher keinesfalls so verstehen, als besäße für ihn die Lust, als sinnliche Erfahrungsgegebenheit, die sie auch für ihn ist, einen absoluten Selbstwert, der erst empirisch erkennbar wäre. Vielmehr ergeben sich alle Werte a priori aus der metaphysischen Weltordnung: Am wertvollsten ist das, was dem begrifflichen Wesen, durch das jedem sein Platz im Kosmos zugewiesen ist, am vollkommensten entspricht. Folglich ist diejenige Lust des Menschen die wertvollste, die seine Vernunfttätigkeit vollendet, weil sie die ihm, als dem vernunftbegabten Lebewesen, eigentümliche ist, ja sie ist überhaupt nur im eigentlichen Sinne so zu nennende Lust, und sie empfindet auch der Beste am reinsten, weil er sonst nicht der Beste wäre. So kommt erwartungsgemäß heraus, daß Aristoteles' eigene Lust, die Lust am philosophischen Denken, die beste ist.

2. Das höchste Gut

Bei Epikur begegnet uns eine vollkommen veränderte Auffassung. Als den zentralen Satz seiner gesamten Philosophie könnte man den aus dem Menoikeus-Brief bezeichnen: „Alles Gut und Übel ist in der Empfindung“ (Men. 124). Der hier mit „Empfindung“ wiedergegebene Ausdruck lautet im Griechischen *aisthêsis*, und was gemeint ist, zeigt der Zusammenhang, in dem der Satz steht. Er dient zur Begründung, daß der Tod kein Übel sei. Epikur argumentiert: Der Tod besteht in der Auflösung der Seele. Folglich endet mit ihm all unser Empfinden, unser Bewußtsein. Gut und Übel aber sind reine Bewußtseinsgegebenheiten. Also kann der Tod weder gut noch übel sein, er betrifft uns überhaupt nicht. Diese Argumentation zeigt deutlich die veränderte Grundauffassung Epikurs gegenüber der Klassik. Werte sind keine objektiven Gegebenheiten mehr, die in der Weltordnung verankert wären und unabhängig davon, ob sie jemand wahrnimmt oder nicht, bestünden. Vielmehr sind sie an das subjektive Empfinden gebunden, und zwar des jeweiligen Individuums. Denn der Tod ist individuell, er trifft nur den einzelnen, und wenn er dadurch, daß er das Bewußtsein eines einzelnen auslöscht, sämtliche Werte, die für den Betroffenen gelten, aufhebt, so beweist das, daß für Epikur der einzelne sich alle seine Werte selbst setzt, daß er allein darüber entscheidet, was für ihn gut oder übel ist und niemand anders dies a priori aus der Weltordnung ablesen kann. Wie kommt es zu dieser radikalen Subjektivierung und Privatisierung aller Werte?

a) Der hellenistische Individualismus

Um diese Frage zu beantworten, muß man Epikur in den geistesgeschichtlichen Zusammenhang seiner Zeit stellen. Der Gang der Entwicklung läßt sich grob so skizzieren: Am Beginn des griechischen Philosophierens steht die Natur im Mittelpunkt des Interesses; das zentrale Anliegen, das die Denker von Thales bis Demokrit motiviert, ist, die Grundprinzipien des Naturgeschehens zu formulieren. Mit der Sophistik dann wird der Mensch zum Hauptgegenstand des Nachdenkens; aber er wird zunächst als gesellschaftliches Wesen gefaßt, das Bemühen ist auf das menschliche Gemeinwesen, die Polis, gerichtet. Das gilt ebenso für die Klassik des Platon und Aristoteles. Erst im

Hellenismus wird der Mensch zum Individuum, geht es um das Heil des einzelnen. Man darf diese Interessenverschiebung vielleicht so deuten, daß das Denken vom Bedingten zur Bedingung fortschreitet, indem etwa die Sophisten erkannten, daß alle Naturwissenschaft durch den Menschen und seine Erkenntnisvoraussetzungen bedingt ist, wobei sie aber den Menschen nicht als Individuum meinten, auch nicht als Gattung, sondern die Gemeinschaft der Menschen. Die Hellenisten entdeckten dann das Individuum als das gegenüber der Gemeinschaft Fundamentalere und sie Bedingende, da man sich zwar wohl Individuen ohne Gemeinschaft, aber keine Gemeinschaft ohne Individuen denken kann.

Der Individualismus nun führt zur Privatisierung aller Werte, wie wir sie bei Epikur angetroffen haben. Die Gedanken mögen etwa diesen Weg genommen haben: Höchster Wert ist das Heil des individuellen Menschen. Der Begriff des höchsten Gutes heißt im Griechischen *telos* im prägnanten Sinne von „absoluter Endzweck"; es wird, nach dem Vorgange des Eudoxos, im Epikureismus – wie in ähnlicher Weise auch sonst gemeinhin – definiert als „derart, daß alles darauf zu beziehen ist, es selbst aber auf nichts", d.h. daß alle übrigen Dinge um seinetwillen geschehen, während es selbst um keines anderen willen da ist (Us. S. 264). Wenn nun der einzelne Mensch dieser Endzweck sein soll, dann muß jeder einzelne alle seine Zwecke schlechthin, einschließlich seiner selbst als Endzwecks, sich selbst gesetzt haben. Denn angenommen, alle Zwecke seien zwar um des einzelnen willen, aber nicht von ihm selbst gesetzt, dann ließe sich dies nur so denken, daß eine übergreifende Ordnung existierte, durch die eine Wert- und Zweckhierarchie festgelegt wäre, durch die also bestimmt würde, daß das Individuum Zweck alles Übrigen sei. Aber in diesem Fall wäre eben diese Ordnung der höchste Zweck; denn wenn gefragt würde, warum alle Dinge um des einzelnen willen zu geschehen hätten, so wäre zu antworten: „Damit die vorgegebene Ordnung erfüllt werde", und erst die Frage nach dem Sinn dieser Ordnung wäre nicht mehr beantwortbar (es sei denn man ginge noch einen Schritt weiter und beriefe sich etwa auf einen göttlichen Willen als höchstes Gut). Wenn der einzelne dagegen alle seine Zwecke selbst setzt, dann allein ist er der absolute Endzweck; denn auf die Frage, warum gerade diese und nicht andere Zwecke für ihn gölten, gibt es nur die Antwort: „Weil er selbst es so will." Die Privatisierung aller Werte und Zwecke ist somit eine Konsequenz des hellenistischen Individualismus.

Damit wird auch die Eudämonie in der Weise subjektiviert und verinnerlicht, wie es für das gesamte spätere Abendland bestimmend wird. Ich habe im vorigen Abschnitt schon erwähnt, daß *eudaimonia* in der vorhellenistischen Zeit einen objektiven, „äußerlichen" Zustand meint. So faßt Aristoteles das Glück auf als „Tätigsein der Seele im Sinne der ihr wesenhaften Tüchtigkeit", und er versteht darunter die vollendete Verwirklichung der Rolle, die dem Menschen innerhalb einer teleologisch geordneten Welt aufgrund seines Wesens zukommt (NE 1098 a 16, Übers. Dirlmeier). Eudämonie hängt bei ihm demnach nicht vom persönlichen Bewußtsein ab, sondern ist ein objektiver Tatbestand, von dem sogar denkbar ist, daß jemand ihn erfüllt, ohne es selbst zu wissen, daß also jemand glücklich ist, ohne es zu merken, eine für uns, die wir durch den Hellenismus geprägt sind, absurde Vorstellung. Zwar besteht auch für die griechischen Klassiker die Eudämonie nicht mehr wesentlich in äußerem Wohlergehen, sondern ist hauptsächlich ein Zustand der Seele, aber wann dieser Zustand erreicht ist, darüber entscheidet nicht das Befinden des Betroffenen, vielmehr ergibt es sich aus der metaphysischen Weltordnung: Wir sind dann glücklich, wenn wir in jeder Hinsicht, äußerlich und innerlich, in dem Zustand weilen, der uns von der kosmischen Ordnung angewiesen ist. Das läßt sich auch so ausdrücken: Eudämonie ist die Verwirklichung aller vorgesetzten Zwecke, und diese Formel darf man auch auf Epikur und die anderen hellenistischen Denker übertragen, nur mit dem entscheidenden Unterschied, daß die Zwecke nicht von einer metaphysischen Ordnung vorgegeben sind, sondern der einzelne sie sich selbst setzt. Eudämonie besteht demnach in der Erreichung aller Zwecke, die man sich selbst gesetzt hat. Man ist glücklich, wenn man alles erlangt, was man möchte, wenn alle eigenen Wünsche in Erfüllung gehen. Folglich kann nur jeder einzelne für sich selbst entscheiden, wann er glücklich ist und wann nicht; denn da es von ihm allein abhängt, welche Zwecke für ihn gelten, so kann niemand anders als er selbst wissen, ob die Situation, in der er sich befindet, seinen Zwecken entspricht, so daß das Glück zu einer reinen Privatsache wird.

Diese radikale Privatisierung hatte im weiteren Verlauf der Geschichte zur Folge, daß der Glücksbegriff für die Morallehrer immer mehr an Wert verlor. Denn dadurch, daß jeder nur allein über sein Glück entscheiden kann, deckt der Begriff alles Beliebige und wird weitgehend leer, so daß sich mit ihm keine allgemeingeltenden Verhaltensregeln mehr begründen lassen. Jeder darf und muß „nach seiner Fasson selig werden". Das führte schließlich zu der heute in der westlichen Welt vorherrschenden liberalistischen und pluralistischen Auffassung, daß jeder die Ziele, die er in seinem Leben verfolge, sich selber setze und daß die allgemeingültigen Vorschriften sich darauf zu beschränken hätten, die Verträglichkeit der verschiedenen Ziele zu gewährleisten.

Die Hellenisten sahen im neuen Glücksbegriff jedoch zunächst und vor allem den ungeheuren Zuwachs an Glückschancen, indem sie eine Konsequenz daraus zogen, die durch die aufkommende Neuzeit in Vergessenheit gedrängt worden ist und erst in unseren Tagen allmählich wieder an Bedeutung gewinnt. Die Neuzeit hat das Heil des Menschen in seiner Herrschaft über die Natur gesucht, gemäß der Überzeugung, daß, wenn das Glück in der Erreichung aller selbstgesetzten Zwecke bestehe, der Mensch es am besten dadurch verwirklichen könne, daß er seine Macht so weit ausdehne, daß er in der Welt den Herren spielen und sie seinen Zwecken anmessen könne. Das ist eine gewaltige Aufgabe, und die Chancen, sein Glück zu machen, erscheinen auf diese Weise keineswegs größer, sondern eher geringer, als wenn man die Zwecke nicht als frei gewählt, sondern als durch die Weltordnung vorgegeben ansieht, wie es die griechische Klassik tat. Denn während man im letzteren Fall sich auf eine vorbestimmte Abstimmung von Zwecken und Realisationsmöglichkeiten Hoffnung machen kann, ist für das

Herrschaftsstreben kein Ende abzusehen, solange man sich beliebig neue Zwecke vornehmen darf. Die Hellenisten dagegen gingen den alternativen Weg, nicht die Natur den eigenen Zwecken, sondern diese jener anzupassen. Sie zogen von vornherein den Schluß: Da uns die Wahl der Zwecke freisteht, so läßt sich am besten gewährleisten, daß alle in Erfüllung gehen, wenn man sie nach den natürlichen Gegebenheiten einrichtet. D.h. es gibt einen sicheren Weg zur Glückseligkeit, der jedermann offensteht: Nimm dir nur das vor, von dem gewiß ist, daß du es auch bekommst. Solche Zweckökonomie hat zudem den Vorteil, daß der Glücksbegriff nicht gänzlich leer bleibt, sofern zumindest die Möglichkeit besteht, daß allgemein angegeben werden kann, wie die Beschneidung der Zwecke zu geschehen hat und wie weit sie gehen kann und muß. Genau dies haben die hellenistischen Philosophen versucht, und deshalb konnten sie auch bei der Überzeugung bleiben, daß man einen für alle gültigen Glücksweg finden könne.

Die strikte Subjektivierung der Eudämonie im Hellenismus hatte die weitere Folge, daß die Eudämonie zu einem rein psychologischen Phänomen wurde, das seinen Wert nicht mehr aus der Übereinstimmung mit der Weltordnung, sondern ganz aus sich selbst schöpfen mußte. Epikur umschreibt den Zustand der Glückseligkeit, wie vor ihm schon der Skeptiker Pyrrhon, mit *ataraxia*, was wir gemeinhin mit „Seelenruhe" übersetzen. Die Stoiker gebrauchen den Ausdruck *apatheia*. Gemeint ist jedesmal dasselbe, nämlich das Freisein von jeglicher Erregung, die Ruhe und Ausgeglichenheit des Gemüts, der vollkommene innere Friede, vergleichbar der „Meeresstille".

Bis hierher stimmen die Auffassungen aller hellenistischen Denker weitgehend überein. Es sei aber ausdrücklich darauf hingewiesen, daß sich die vorgetragenen Gedanken zur Grundlegung der Gesamtepoche zum großen Teil auf Rekonstruktion stützen und sie sich in dieser Form nicht mehr aus den überlieferten Quellen belegen lassen. Ich will auch nicht behaupten, daß sie sich so je im verlorenen Schrifttum fanden. Mir scheint jedoch, daß sie zum Verständnis der Epoche sehr hilfreich sind, weil sie das, was uns noch überkommen ist, in einen vernünftigen und nachvollziehbaren Zusammenhang bringen. Ich vermute daher, daß irgend etwas Derartiges in den Köpfen der Epochegründer vorgegangen sein muß, auch wenn es vielleicht mit etwas anderen Begriffen gefaßt wurde.

b) Epikurs Weg in den Hedonismus

Epikurs besondere Leistung nun, die ihn – im Gegensatz zu den Stoikern und Skeptikern – in den Hedonismus, und zwar einer spezifischen Art, geführt hat, liegt in der Weise, wie er weitergedacht hat. Den Ausgangspunkt teilt er mit seinen Zeitgenossen. Dieser besteht nach dem Gesagten in der Überzeugung, daß das höchste Gut die individuelle Glückseligkeit sei und daß diese in dem inneren Frieden bestehe, der eintrete mit dem Bewußtsein, daß alle eigenen Wünsche erfüllbar seien. In völliger Übereinstimmung mit dieser Grundhaltung der Epoche schreibt Epikur an Menoikeus: „... Eine unbeirrte Betrachtung dieser Dinge weiß jedes Wählen und Meiden zurückzuführen auf die Gesundheit des Körpers und die Ruhe der Seele, weil dies die Vollendung des seligen Lebens ist. Darum nämlich tun wir alles: daß wir weder Schmerzen noch Aufregung haben. Sobald aber dies einmal an uns geschieht, legt sich aller Sturm der Seele, da es für das Lebewesen nichts mehr zu erstreben gibt, das ihm noch mangelte, und nichts anderes mehr zu suchen, durch das das Gut der Seele und des Körpers erfüllt würde. Dann nämlich leiden wir Mangel an Lust, wenn wir aus der Abwesenheit der Lust Schmerzen haben; [wenn wir aber keine Schmerzen haben,] entbehren wir die Lust nicht mehr." Epikur fährt dann aber fort: „Und deswegen nennen wir die Lust Anfang und Ende des seligen Lebens. Denn sie haben wir als erstes und angeborenes Gut erkannt, und mit ihr fangen wir alles Wählen und Meiden an, und bei ihr enden wir wieder, weil wir mit dieser Empfindung als Maßstab alles Gut beurteilen" (Men. 128f.).

Dem antiken Leser mußte diese Passage vorderhand unverständlich erscheinen (vgl. Cicero, Fin. II 3–30), und auch uns bietet sie erhebliche Schwierigkeiten (vor allem wenn man sie in der üblichen Weise übersetzt, von der hier abgewichen wurde, s. dazu M. Hossenfelder 1985, S. 213). Epikur nennt zunächst die Ataraxie das höchste Gut, dann aber die Lust, und er spielt zu allem Überfluß auf die kyrenaische Meermetaphorik an, wenn er vom „Sturm der Seele" spricht. Wir haben gesehen, daß Aristipp d.J. drei Zustände des Menschen unterschied und sie mit der Bewegung des Meeres verglich: Der Schmerz gleiche dem Sturm, die Lust der glatten Dünung, der mittlere, lust- und schmerzfreie Zustand der Meeresstille (s. S. 38). Diese Terminologie greift Epikur hier und andernorts auf, so daß man annehmen muß, er nenne mit Lust und Ataraxie zwei ganz verschiedene und miteinander unverträgliche Dinge das höchste Gut. Denn nach Aristipps Schema ist der mittlere Zustand, der der Meeresstille gleicht und den Epikur mit dem Begriff der Ataraxie faßt, gerade dadurch definiert, daß wir in ihm weder Schmerz noch Lust empfinden; man kann also nicht zugleich im Zustand der Lust und der Ataraxie sein. Doch scheint Epikur genau dies zu unterstellen, und einige Zeilen später identifiziert er ausdrücklich beide Zustände: „Wenn wir also sagen, Lust sei höchstes Gut, dann meinen wir nicht die Lüste der Prasser und des Genießens, wie einige Unwissende und Andersdenkende oder Mißverstehende glauben, sondern das Freisein von körperlichem Schmerz und seelischer Aufregung" (Men. 131).

Dabei liegt keineswegs eine Unachtsamkeit vor, weil Epikur etwa nicht bemerkt hätte, daß er zwei widerstreitende Begriffe in eins setzt. Vielmehr handelt es sich um eine bewußte Auseinandersetzung mit der Tradition, in der er den überkommenen Lustbegriff umdeutet, um ihn seinen neuen Zwecken gefügig zu machen. Es ist sehr unwahrscheinlich, daß er von Hause aus ein Hedonist gewesen sein soll, daß es ihm ursprünglich um die Etablierung der Lust als des höchsten Gutes gegangen sei. Betrachtet man ihn vor dem Hintergrund seiner Zeit, dann bildet sich eher eine andere Vermutung. Nach dem oben Gesagten war die Grundhaltung der Epoche der Individualismus, aus dem sich der innere Frieden des einzelnen als höchstes Gut ergab. Demnach wäre der Grundwert, von dem Epikur ursprünglich ausgeht, die Ataraxie, die Freiheit von Schmerz und Aufregung, nicht aber die Lust. Diese aus der Gesamtsicht der Zeit sich ergebende Hypothese wird bestätigt durch zwei Gründe, die in der Epikureischen Lehre selbst liegen.

Der erste ist rein logischer Natur. Hätte Epikur ursprünglich die Lust zum höchsten Gut machen wollen, dann wäre die Aufwertung der Ataraxie, also der Freiheit von Unlust, problemlos und ohne jeden Anschein eines Widerspruchs möglich gewesen. Die Ataraxie hätte sich dann nämlich als aus der Lust *abgeleiteter* Wert einführen lassen: Da jede Unlust die Lust beeinträchtigt, so ergibt sich die Forderung nach dem Freisein von Unlust ohne weiteres aus dem Streben nach Lust. Unlustfreiheit ist Mittel zum Zweck der Lust. Umgekehrt dagegen verhält es sich nicht so. Man kann nicht sagen, daß die Lust ein Mittel zur Ataraxie sei, sondern ist wohl geneigt anzunehmen, daß das Streben nach Lust den Seelenfrieden eher behindert als fördert. Keinesfalls läßt sich die *allgemeingültige Forderung* nach Lust aus dem Streben nach Ataraxie ableiten, wie es umgekehrt sehr wohl möglich ist. Denn dazu müßte Lust *notwendiges* Mittel zur Ataraxie sein; man kann aber offenbar, auch wenn man keine Lust empfindet, dennoch ohne Schmerz und Aufregung sein, so daß jemand, dem es an erster Stelle um seine Seelenruhe geht, durchaus auf Lustgewinn verzichten kann. Wenn demnach ein Ethiker außer der Ataraxie als höchstem Gut auch die Lust als einen allgemeingeltenden Wert etablieren will, dann muß er sie, da sich ihr Wertcharakter aus der Ataraxie nicht bindend ableiten läßt, als selbständigen, absoluten Wert einführen, und dann ergeben sich eben die Schwierigkeiten, die wir bei Epikur antreffen, daß nämlich zwei verschiedene Dinge als absoluter Endzweck, als höchstes Gut aufzutreten scheinen. Daher ist es wahrscheinlich, daß Epikur diesen letzteren Weg gegangen ist, indem er von der Ataraxie als Endzweck ausging und erst dann durch noch zu erörternde Erwägungen zum Hedonismus geführt worden ist.

Den anderen der Gründe zu dieser Annahme, sofern sie sich aus seiner Lehre selbst ergeben, liefert die besondere Art seines Hedonismus. Im Vorwort wurde bereits darauf hingewiesen, daß Epikurs Lustlehre sehr stark vom gängigen Hedonismusverständnis abweicht. Wir finden weder bei ihm selbst noch bei seinen Schülern Hinweise, daß im Garten Rezepte der Lustmaximierung entwickelt worden seien. Von dem üblichen Zubehör, mit dem man den „Lüstling" umgibt, wie exotischen Speisen, erlesenen Weinen, eleganter Garderobe, luxuriösen Villen, wohlgeformten Knaben und Mädchen, und den Mitteln und Wegen, wie man zu all dem gelangt, lesen wir nichts. Statt dessen rät man uns, nicht etwa möglichst viele neue Bedürfnisse zu entwickeln, die sich dann lustvoll befriedigen ließen, sondern die vorhandenen sorgsam durchzumustern, ob nicht die meisten davon sinnlos seien, weil nämlich die Lust mit der Befreiung von der Unlust eine absolute Obergrenze erreiche, über die hinaus keine Steigerung möglich sei, so daß alles Begehren, welches sie überschreite, „leer" sei. Dem entsprechen die konkreten Ratschläge, die Epikur zur praktischen Lebensführung gibt; sie unterscheiden sich fast gar nicht von denen der lustfeindlichen Stoiker. Es liegt daher der Schluß nahe, daß der Hedonismus nicht Epikurs Grundüberzeugung war, deren Erfordernissen er sein übriges philosophisches Gebäude angemessen hätte, daß vielmehr umgekehrt der Hedonismus anderen theoretischen Bedürfnissen diente und zu ihren Gunsten zurechtgeschnitten wurde.

Solche Bedürfnisse könnten folgendermaßen entstanden sein: Epikur ist sich mit seinen Zeitgenossen einig, daß das höchste Gut die Glückseligkeit des einzelnen ist, die in dem inneren Frieden, der Ataraxie besteht, die sich einstellt mit dem Wissen, daß alle selbstgewählten Zwecke erreichbar sind. Die Eudämonie ist daher am besten so zu sichern, daß man nur solche Dinge als wahrhaft erstrebenswerte Güter anerkennt, von denen außer Zweifel steht, daß sie jederzeit verfügbar sind. Während nun die Stoiker, relativ naiv, die Durchführbarkeit dieses Programms ohne weiteres annehmen, scheint Epikur sich selbstkritischer zu verhalten, indem er sich die Frage vorlegt, wieweit die Reduktion der Werte auf die jederzeit verfügbaren tatsächlich möglich ist. Dies geschieht vermutlich unter dem Einfluß des Eudoxos einer- und des Aristipp andererseits. Wie wir gesehen haben, hatte Eudoxos dem Hedonismus eine Wendung gegeben, die man nach dem heutigen Sprachgebrauch „metaethisch" nennen würde. Denn er reflektiert zunächst auf die Argumentationsmöglichkeiten, um überhaupt etwas als höchstes Gut auszuweisen. Dabei war eines seiner geforderten Argumente der Nachweis, daß das höchste Gut Selbstzweck sei, was daraus hervorgehe, daß bei ihm jede weitere Frage, warum es selbst erstrebt werde, sinnlos sei. Aristipp wiederum war, in Verfolgung der Konsequenzen des Individualismus, zu dem Ergebnis gekommen, daß wir nichts besäßen außer unseren subjektiven Empfindungen und daß folglich auch die Werte für uns nur Empfindungen sein könnten, d.h. Lust und Schmerz. Epikur nun scheint diese Gedanken fortgeführt und miteinander verbunden zu haben. Ähnlich wie Eudoxos stellt er zunächst die Frage, wie wir überhaupt zu unseren Wertvorstellungen gelangen. Mit Hilfe der Vernunft ist das nur bedingt möglich. Sie kann für uns zwar Werte schaffen, aber nur so, daß sie sie aus anderen, bereits geltenden ableitet, etwa indem sie sie als Mittel zu deren Verwirklichung ausweist. Aber sie kann niemals etwas als höchsten Wert setzen, denn das höchste Gut ist eben dadurch charakterisiert, daß alle anderen Werte von ihm abgeleitet sind, während es selbst von keinem anderen ableitbar sein darf, weil es sonst nicht das *höchste* Gut wäre. Der höchste Wert ist also rational, weil unableitbar, nicht mehr zu begründen. Insofern gibt Epikur Eudoxos recht, wenn dieser bemerkt, daß beim höchsten Gut niemand mehr weiterfrage, zu welchem Zweck man es erstrebe. Die Vernunft ist mit ihren Rechtfertigungen hier am Ende. Wenn dem aber so ist, dann kann der Endzweck all unseres Strebens nicht aus der Vernunft stammen, sondern muß uns auf andere Weise gegeben sein. Nun hatte Aristipp gezeigt, daß das, was dem Individuum ursprünglich und originär gegeben ist, allein seine Empfindungen sind, so daß auch alle Wertungen letztlich nur auf Empfindungen beruhen können. Verbindet man demnach die Überlegungen des Eudoxos mit denen Aristipps, so folgt, daß das höchste Gut ein irrationales *pathos*, eine nicht mehr hinterfragbare passive, sinnliche Empfindung ist. Wir nennen aber eine Empfindung, die einen positiven oder negativen Wertcharakter trägt, Lust oder Unlust. Also ist die Lust das höchste Gut, die Unlust das größte Übel.

Daß Epikur tatsächlich in diesen Bahnen gedacht hat, läßt sich aus seinen überlieferten Schriften nicht unmittelbar belegen. Doch gibt es Hinweise in der späteren Doxographie. So läßt Cicero in seinem Dialog *Vom höchsten Gut und größten Übel* Torquatus als Vertreter des Epikureismus sagen: Epikur „bestreitet, daß es eines Argumentes oder einer Erörterung bedürfe, weswegen die Lust zu erstreben, der Schmerz zu fliehen sei. Er meint, dies sei Sache der Sinnesempfindung ebenso wie die Hitze des Feuers, die Weiße des Schnees, die Süße des Honigs, von denen nichts durch ausgeklügelte Argumente beglaubigt werden müsse, es genüge schon, darauf hinzuweisen." Und etwas weiter: „Wenn aber ein Leben voller Schmerzen am meisten zu meiden ist, dann ist das größte Übel zweifellos, in Schmerz zu leben, und mit dieser Auffassung stimmt überein, daß es das höchste Gut ist, in Lust zu leben. Denn *weder hat unser Denken irgend etwas, wo es zur Ruhe kommt wie an einem Endpunkt*, und sowohl die Ängste wie die Kümmernisse leiten sich alle aus dem Schmerz ab, noch gibt es außerdem irgendeine Sache, die *ihrer Natur nach* entweder beunruhigen oder ängstigen könnte. Außerdem gehen die Ursprünge sowohl des Erstrebens als auch des Vermeidens als auch überhaupt aller Handlungen entweder von der Lust oder vom Schmerz aus. Weil dies so ist, ist klar, daß alle rechten und lobenswerten Dinge sich daraus ableiten, daß man in Lust lebe. Da nun aber dasjenige das höchste oder letzte oder äußerste der Güter ist – das die Griechen *telos* nennen –, das selbst sich aus keiner anderen Sache, aus dem aber alle Sachen sich ableiten, so muß man eingestehen, daß das höchste Gut ist, lustvoll zu leben" (Cic. Fin. I 30. 41 f.). Und bei Johannes Stobäus lesen wir, daß die Epikureer „das Telos als etwas Passives *(pathêtikon)* auffassen, nicht Aktives; denn es sei Lust" (Stob. II 46,17 ff. = Us. S. 264 Anm.). Solche Äußerungen belegen zumindest so viel, daß im Epikureismus der Hedonismus verbunden ist mit der Einsicht in das Ungenügen der Vernunft, die nicht in der Lage ist, einen absoluten Wert zu etablieren, weil sie Werte immer nur aus anderen ableiten kann und daher nie „zur Ruhe kommt", sondern unweigerlich in einen unendlichen Regreß gerät. Sie kann (als formales Vermögen, würden wir sagen) keine originären Inhalte setzen und so auch nichts, das an sich selbst, „seiner Natur nach" einen positiven oder negativen Wert hat. Daher läßt sich das höchste Gut rational nicht mehr begründen, sondern wir sind an die passive, rezeptive Sinnlichkeit verwiesen und müssen den letzten Wert als etwas Gegebenes hinnehmen, und das heißt, es ist die Lust.

Wenn man Epikurs grundlegenden Gedankenweg in dieser Weise deutet, dann bekommt seine Philosophie einen nachvollziehbaren Zusammenhang, und es verschwindet insbesondere der Widerspruch in seiner Telosbestimmung, die ja einerseits die Lust, andererseits die Ataraxie nennt. Der dargelegte Gedankengang treibt nämlich Epikur dazu, den hellenistischen Glücksbegriff hedonistisch zu interpretieren. Wie wir gesehen haben, beinhaltet dieser Begriff den friedvollen Zustand der Gewißheit, daß alle eigenen Wünsche erfüllbar sind. Aber Epikurs Reflexion ist damit noch nicht am Ende. Er fragt sich, *warum* wir denn diesen Zustand der Zufriedenheit so hoch bewerten, und er kommt zu dem Schluß, daß sich darüber nicht mehr sagen läßt, als daß wir ihn eben positiv *empfinden* und den gegenteiligen Zustand der Unzufriedenheit eben negativ. Warum dies so ist, läßt sich rational nicht mehr begründen, es ist eine Gegebenheit der Sinnlichkeit. Nun heißt eine positive sinnliche Empfindung Lust, also ist der Seelenfrieden, die Ataraxie, Lust. Epikur kommt somit auf ganz folgerichtige Weise zum Hedonismus: Höchstes Gut ist die Glückseligkeit des einzelnen, diese besteht in der Ataraxie, diese ist Lust, also ist das höchste Gut Lust.

c) Der Epikureische Lustbegriff

Wenn Epikur daher bald die Ataraxie, bald die Lust das höchste Gut nennt, so ist das für ihn kein Widerspruch, da er beides identifiziert. Das wiederum ist deshalb möglich, weil er auf seinem metaethischen Gedankenweg zunächst zu einem ganz formalen Lustbegriff gelangt. Lust ist hier nicht eine inhaltlich bestimmte, angebbare Entität, etwa ein für sich identifizierbares und von anderen unterscheidbares Gefühl, wie Wärme oder Trauer, sondern der Begriff besagt nicht mehr als: irrationaler, von der Sinnlichkeit gegebener positiver Endwert. Denn im Anschluß an Eudoxos ergab sich, daß ein höchstes Gut als absoluter Endwert rational nicht erkennbar ist, und Aristipp hatte gezeigt, daß das Letzte, was dem Individuum ursprünglich gegeben ist, seine sinnlichen Empfindungen sind. Also ist das höchste Gut eine irrationale, sinnliche positive Empfindung und heißt darum Lust. Mehr ist im Lustbegriff zunächst nicht enthalten. Auf welche konkrete Gegebenheit, welche inhaltlich bestimmbare Empfindung er nun zutrifft, bleibt völlig offen. Infolgedessen bereitet es auch keine logische Schwierigkeit, die Ataraxie mit ihm zu identifizieren, so daß Lust gleich Ataraxie und Ataraxie gleich Lust ist.

Aus dieser Identifikation ergeben sich – in ihren beiden Richtungen – Konsequenzen, die für das Verständnis der Epikureischen Philosophie entscheidend sind. Zunächst die letztgenannte Richtung: Ataraxie gleich Lust. Das bedeutet, daß der höchste Wert, aus dem sich alle übrigen Werte herleiten, eine sinnliche, empirische Gegebenheit ist. Daher läßt sich der hellenistische Weg zum Glück, die eignen Ziele den äußeren Realitäten anzupassen und sich nur das zum Zweck zu setzen, über das man auch tatsächlich verfügt, so daß seine Erreichung sicher ist – dieser Weg läßt sich nicht durch eine einfache Umwertung der Werte gehen, indem man von allen Dingen, die man an sich gern hätte, aber nicht bekommt, sich einredet, sie seien gleichgültig. Wenn es sich um Lust und Schmerz handelt, ist dies nicht möglich; niemand kann das Unangenehme seines Zahnschmerzes hinwegdisputieren. Da also die Werte vorgegeben sind, ist das Glücksrezept, allein Verfügbares zu begehren, nur auf die alternative Weise zu erfüllen: nicht indem man das Unverfügbare entwertet, sondern indem man das Wertvolle zum Verfügbaren erklärt. Epikurs ganzes Bemühen mußte deswegen darauf gerichtet sein, die Lust als ein Gut zu erweisen, das uns jederzeit zu Gebote steht.

Zu diesem Zweck kam es als erstes darauf an, den Lustbegriff entsprechend zu fassen. Galt doch als wesentliche Eigenschaft der Lust gerade ihre Flüchtigkeit, die ihren sicheren und dauerhaften Besitz auszuschließen schien und sie vor allem deshalb als Glücksinhalt unmöglich machte, weil ja zur Glückseligkeit zumindest die *mögliche* Beständigkeit gehört. Selbst Aristoteles, dessen Konzeption eigentlich der Lust Dauerhaftigkeit hätte zubilligen können, hält an ihrer Vergänglichkeit fest und benötigt deshalb dafür eine Sondererklärung (s. S. 49f.). Damit sind wir bei der Gegenrichtung der Epikureischen Identifikation von Lust und Ataraxie, der Gleichung: Lust gleich Ataraxie. Diese Gleichsetzung mußte den Zeitgenossen, wie erwähnt, zunächst unannehmbar erscheinen, da die Ataraxie, die „Meeresstille" des Gemüts, als ein indifferenter Zustand, in dem wir weder Lust noch Schmerz empfinden, galt, während Lust gemeinhin als Bewegung angesehen wurde, als der Übergang von einem mangelhaften in den natürlichen Zustand. Epikur mußte dem Rechnung tragen, er konnte mit dem Lustbegriff, wenn er verstanden werden wollte, nicht beliebig umspringen, denn dieser Begriff war nicht erst von ihm neu geschaffen, sondern hatte, wie im vorigen Abschnitt dargetan, bereits eine lange Geschichte hinter sich, die ihn in bestimmter Weise geprägt hatte und die man nicht einfach mißachten konnte.

Epikur versucht daher den traditionellen Lustbegriff so umzudeuten, daß er seinen eigenen theoretischen Bedürfnissen gerecht wird. Die erste Hilfe dazu bietet ihm der Begriff „Ataraxie", der ja die „Freiheit von Unruhe" bezeichnet. Epikur interpretiert dies als Freiheit von Unlust, so daß jener Zustand der absoluten inneren Ruhe nach ihm nur durch das Freisein von Unlust, nicht aber auch durch das Fehlen von Lust definiert ist. So entfällt der direkte Widerspruch, wenn er jetzt Freisein von Unlust mit Lust gleichsetzt. Um dies nun nicht nur auf diese Weise formallogisch möglich, sondern auch inhaltlich plausibel zu machen, gibt Epikur eine eigenwillige Analyse der traditionellen Lustvorstellung, indem er sich auf deren Begrifflichkeit einläßt und sie für seine Zwecke einspannt. Er argumentiert offenbar folgendermaßen: Nach dem gängigen Modell ist Lust die Rückkehr in den natürlichen Zustand. Hunger zeigt einen Mangel an und bedeutet Unlust, Essen dagegen ist Lust, weil es durch Wiederauffüllung den Mangel und damit die Unlust beseitigt und so den naturgemäßen Zustand wiederherstellt. Was nun, fragt Epikur, ist hier der eigentliche Wert, das eigentlich Seinsollende? Augenscheinlich ist das der naturgemäße Zustand, der am Ende erreicht wird. Der Wert des Übergangs zu ihm indessen, des Prozesses seiner Wiederherstellung, also in diesem Fall des Essens, ist nur ein abgeleiteter, er ist der eines Mittels zum Zweck. Essen ist nur deshalb gut, weil es die Gesundheit erhält. Daß es keinen unabhängigen Eigenwert besitzt, läßt sich leicht daraus ersehen, daß es, wenn es nicht dem Sattwerden dient, sogar zum Übel werden kann, z.B. wenn jemand mehr ißt, als ihm guttut. Die Lustgegner haben mithin ganz recht, wenn sie den Zweck eines Werdensprozesses in den erreichten Endzustand setzen und in diesem den eigentlichen Wert sehen. Falsch ist nur ihr Schluß, daß daher die Lust kein Gut sein könne, weil sie ein Werden sei. Vielmehr ist Aristoteles zuzustimmen, sofern er betont, daß die Lust ihrem Wesen nach kein Werden, sondern ein Endziel sei (s.S. 45f. und 49). Denn sobald man sich über die Grundlage all unseres Wertens Rechenschaft abgelegt hat, muß man den Lustgegnern entgegengesetzt schließen, daß die Lust, weil sie das höchste Gut ist, kein Werden sein kann. Da nämlich alle unsere Werte letztlich eine sinnliche Gegebenheit, also Lust oder Unlust sind, so muß, wenn in dem traditionellen Modell der eigentliche Wertgeber der naturgemäße Zustand ist, die Lust notwendig in ihm zu suchen sein. Also ist Lust nicht der Übergang, sondern der natürliche Endzustand. Daher definiert Epikur die Lust als „den stabilen Zustand des Fleisches“ *(sarkos eustathes katastêma,* Us. S. 122,15), worunter man sich offenbar die natürliche und gesunde Verfassung aller vitalen Funktionen zu denken hat. Dieser Zustand ist nun zugleich derjenige, in dem wir frei sind von allen Schmerzen, von aller Unlust, da Unlust ja definiert ist als Mangel. Lust ist also Freisein von Unlust. Wenn man somit das traditionelle Lustmodell richtig analysiert, dann ergibt sich, daß die gängige und besonders von den Kyrenaikern vertretene Interpretation falsch ist. Es gibt nicht drei verschiedene Zustände, sondern nur zwei: den der Unlust und den der Lust, einen mittleren und wertneutralen Zustand aber, in dem wir weder Lust noch Unlust empfinden, den gibt es nicht, weil eben die Unlustfreiheit schon Lust ist und ebenso umgekehrt der Mangel an Lust Unlust; denn dieser Mangel ist nur so zu verstehen, daß uns etwas zum natürlichen Zustand fehlt, und das bedeutet Unlust.

Daß Epikur in dieser Weise gedacht hat, bezeugt vor allem wiederum Cicero in seinem bereits erwähnten Referat der Epikureischen Philosophie im Dialog *Vom höchsten Gut und größten Übel*. Dort sagt der Epikureer Torquatus: „Da wir, wenn wir vom Schmerz erlöst werden, uns über die Befreiung und das Freisein von aller Beschwernis selbst schon freuen, alles aber, worüber wir uns freuen, Lust ist so wie alles, was uns verletzt, Schmerz, wird das Freisein von allem Schmerz mit Recht Lust genannt. Wie nämlich, wenn durch Speise und Getränk Hunger und Durst vertrieben sind, schon das Verschwinden der Beschwernis selbst Lust *zur Folge* hat, so bewirkt in jedem Fall die Entfernung des Schmerzes *die Nachfolge* der Lust. Deshalb glaubte Epikur nicht, daß es ein Mittleres zwischen Schmerz und Lust gebe; gerade das nämlich, was einigen als Mittleres erscheine, wenn man von allem Schmerz frei sei, sei nicht nur Lust, sondern sogar die höchste Lust. Wer nämlich fühlt, in welchem Zustand er sich befindet, der ist notwendig entweder in Lust oder in Schmerz" (Cic. Fin. I 37f.). Epikur versucht, dies durch eine räumliche Betrachtungsweise noch näher zu erläutern. In den *Hauptlehren* sagt er: „Grenze der Größe der Lüste ist die Beseitigung alles Schmerzenden. Wo immer das Lustvolle vorhanden ist, da findet sich, solange es gegenwärtig ist, nichts Schmerzendes oder Betrübtes oder beides zusammen" (HL 3). Sein Freund und Schüler Metrodoros von Lampsakos drückt sich ähnlich aus: „Daher ist gerade dies das Gute: das Vermeiden des Übels; denn das Gute findet keinen Platz, wenn weder etwas Schmerzhaftes noch Betrübliches mehr weicht" (Plut., Non posse 1091 a). Dahinter steht offensichtlich die Auffassung, daß Lust und Unlust, Gut und Übel nicht zusammen am selben Ort weilen könnten, weil das eine in der Abwesenheit des anderen bestehe. Das betont Epikur selbst in bezug auf das Gute noch einmal mit allem Nachdruck: „Denn das, was unübersteigbare Freude bereitet, ist das soeben vermiedene große Übel. Und dies ist das Wesen des Guten, wenn man es richtig angeht und dann dabei bleibt und nicht aufgeblasen herumstolziert und über das Gute salbadert" (ebd. 1091 b = Us. Fr. 423).

Freilich konnte Epikur nicht leugnen, daß wir auch während des Prozesses der Unlustbeseitigung Lust empfinden, daß nicht nur das Sattsein, sondern auch das Essen angenehm ist. Dem trägt er durch die Überlegung Rechnung, daß der natürliche Zustand nicht plötzlich wiederhergestellt wird, sondern in einem kontinuierlichen, Zeit verbrauchenden Vorgang, den man sich so zu denken hat, daß allmählich, während man etwa immer mehr Nahrung zu sich nimmt, der Hunger, die Unlust, weicht und die Lust nachrückt, wobei die eine in der Quantität abnimmt, die andere steigt, weil sie immer größere Bereiche erfaßt, bis schließlich sämtliche Unlust geschwunden ist und die Lust damit ihr absolutes Höchstmaß erreicht hat, von dem sie dann auch wieder absinken kann, falls sich erneut ein Mangel bildet. Dieses An- und Abschwellen nennt Epikur „Lust in Bewegung", im Unterschied zur „zuständlichen *(katastêmatikê)* Lust" der Unlustfreiheit. In *Über Wählen und Meiden* sagt er: „Denn die Seelenruhe und die Schmerzfreiheit sind zuständliche Lüste, die Freude und die Fröhlichkeit dagegen werden wegen der Aktivität unter dem Aspekt der Bewegung gesehen" (Us. Fr. 2; vgl. Fr. 1). Diese Begriffe bezeichnen also nicht zwei verschiedene Lustarten, die sich *qualitativ* unterschieden, sondern Lust ist immer ein und dasselbe, aber sie kennt zwei unterscheidbare Zustände, sofern sie in der *Quantität* schwanken oder dauern kann.

Eine solche Deutung ist allerdings nicht die übliche. Die Quellen lassen keine eindeutige Auslegung zu, und in der Regel werden sie so verstanden, als wolle Epikur zwei Arten der Lust qualitativ unterscheiden, was im Hinblick auf einige Vorgänger, vor allem Platon und Aristoteles, auch durchaus naheliegt. Aber wenn man die besondere Problemlage Epikurs berücksichtigt und die obigen Zitate beherzigt, dann kann dies nicht gemeint sein. Wie dargelegt, deutet Epikur die Ataraxie als Lust und versucht, das mit dem traditionellen Lustmodell in Einklang zu bringen, indem er Lust mit Unlustfreiheit identifiziert und in der Abwesenheit aller Unlust die absolute Höchstgrenze der Lust sieht. Dies letztere, die Identifikation und Annahme der Höchstgrenze, ist eindeutig belegt, und schon daraus erhellt, daß es nicht mehrere verschiedene Lustarten geben kann. Denn wenn die Lust in Bewegung etwas anderes wäre als die zuständliche Lust der Unlustfreiheit, dann wäre eben Lust *nicht* gleich Unlustfreiheit, da es ja auch noch andere Lust gäbe; und es könnte auch nicht behauptet werden, daß vollkommene Unlustfreiheit das überhaupt erreichbare Höchstmaß an Lust darstelle, denn mit welchem Recht wollte man die Möglichkeit ausschließen, daß, wenn beide Lustarten zusammenträfen, das Ergebnis erheblich lustvoller wäre oder daß die Lust in Bewegung für sich allein einer unbegrenzten Steigerung fähig wäre? Auch wäre nicht einzusehen, warum dort, wo Lust ist, niemals Unlust sein könnte, da die Lust in Bewegung logisch dies keineswegs ausschlösse. Ferner gibt Epikurs Bemerkung im *Menoikeus-Brief*, daß wir nur dann Mangel an Lust hätten, wenn wir wegen ihrer Abwesenheit Unlust empfänden, wenn das aber nicht der Fall sei, wir auch keine Lust mehr entbehrten, nur dann einen Sinn, wenn man ausschließlich eine Lustart annimmt, nämlich die der Unlustfreiheit, weil sonst jemand, obwohl unlustfrei, durchaus der Lust in Bewegung entbehren könnte (s.S. 57). Schließlich sei noch ein weiteres Zitat aus Epikurs eigener Feder angefügt: „Wenn alle Lust sich verdichtete nach [Ort] und Zeit und im ganzen Gefüge vorhanden wäre oder doch in den hauptsächlichsten Teilen unserer Natur, dann unterschieden sich die Lüste niemals voneinander" (HL 9). Das soll besagen: Wenn überall und immer in unserem Körper oder doch in seinen einschlägigen Teilen größtmögliche Lust herrschte, dann ließen sich keine Verschiedenheiten mehr denken. Das zeigt deutlich, daß Epikur nur eine Lustart annimmt, eben die Unlustfreiheit, und daß er eine Unterscheidungsmöglichkeit nur in der ungleichen Verteilung, also in der Quantität sieht bzw. in deren Dauern oder Schwanken.

Auf keinen Fall darf man, wie vorgeschlagen wurde, die Unterteilung in Bewegungs- und zuständliche Lust mit derjenigen in sinnliche und geistige gleichsetzen, um dann die beiden Lustformen einander qualitativ entgegenzusetzen. Epikur verwendet zwar auch die Unterscheidung zwischen sinnlicher und geistiger Lust, und er wertet sogar wie üblich die geistige Lust höher. Aber die Quellen lassen keinen Zweifel daran, wie das zu verstehen ist. Auch hier handelt es sich nicht um eine qualitative Unterscheidung. Die geistige Lust ist nicht, wie etwa bei Platon, eine eigenständige Art mit besonderen, nur in ihr gegebenen Inhalten, sondern sie ist zunächst bloß dadurch unterschieden, daß sie in einem anderen Organ, eben der Vernunft, stattfindet. Sie ist nichts anderes als lediglich die Vorstellung, die Reproduktion einer sinnlichen Lust im Geiste. Und ihre Überlegenheit ist rein quantitativ begründet. Denn die Vernunft ist, anders als die Sinnlichkeit, nicht auf die unmittelbar gegenwärtigen Empfindungen eingeschränkt, sondern sie kann darüber hinaus noch zukünftige Lustgefühle in der Erwartung vorwegnehmen und sich an vergangene erinnern, wodurch es z.B. möglich wird, gegenwärtige Schmerzen durch angenehme Erinnerungen zu kompensieren und so die Unlust zu verringern, d.h. die Lust zu erhöhen. In der Schrift *Über das höchste Gut* schreibt Epikur: „Ich jedenfalls weiß nicht, was ich mir unter dem Guten vorstellen soll, wenn ich die Lüste des Geschmacks, die Lüste der Liebe, die Lüste des Gehörs wegnehme sowie die lustvollen Bewegungen, die durch den Anblick einer Gestalt erzeugt werden, und was sonst für Lüste im gesamten Menschen durch irgendeinen Sinn entstehen. Und man kann nicht sagen, daß nur die Freude des Geistes zu den Gütern zähle. Den freudigen Geist nämlich kenne ich so: durch die Erwartung aller der Dinge, die ich oben genannt habe, daß die eigene Natur durch ihren Besitz von Schmerz frei sein werde" (Us. Fr. 67). Torquatus erläutert das bei Cicero genauer: „Wir lehren nun, daß die Lüste und Schmerzen des Geistes aus den Lüsten und Schmerzen des Körpers enstehen – deshalb räume ich ein, was du eben sagtest, daß unsere Sache verloren ist, wenn einige von uns anders urteilen, die zwar, wie ich sehe, zahlreich sind, aber unkundig – und daß, obgleich die Lust des Geistes uns Freude bereitet sowie der Schmerz Kummer, dennoch beides aus dem Körper stammt und auch sich auf den Körper bezieht, daß aber nichtsdestoweniger sowohl die Lüste wie die Schmerzen des Geistes erheblich größer sind als die des Körpers. Denn mit dem Körper können wir nur das Gegenwärtige und Anwesende empfinden, mit dem Geiste aber auch das Vergangene und Zukünftige. Gesetzt nämlich, wir empfinden im Geiste gleichstarke Schmerzen, wenn wir im Körper Schmerzen haben, so kann doch ein bedeutender Zuwachs geschehen, wenn wir meinen, uns drohe irgendein ewiges und grenzenloses Übel. Das läßt sich auf die Lust übertragen, so daß sie größer ist, wenn wir nichts dergleichen befürchten. Damit ist das jedenfalls klar, daß die größte Lust oder der größte Kummer des Geistes mehr Bedeutung für das glückliche oder für das unglückliche Leben hat als das eine oder das andere, wenn es gleich lange im Körper ist“ (Cic. Fin. I 55 f.). Die geistige Lust ist demnach nichts anderes als die in den zeitlichen Dimensionen erweiterungsfähige sinnliche Lust. Dabei kann sie aber sowohl zuständliche als Lust in Bewegung sein. Es ist also keineswegs so, als sei mit der Lust in Bewegung die sinnliche, mit der zuständlichen die geistige gemeint. Die beiden Einteilungen haben nichts miteinander zu tun, sondern überschneiden sich. So sind Epikurs Beispiele für die Lust in Bewegung, Freude und Fröhlichkeit, beides geistige Lüste, während er für die zuständliche Lust eine geistige (Seelenruhe) und eine sinnliche (Schmerzfreiheit) als Beispiel nennt (s. S. 68).

Epikur versucht somit, den traditionellen Lustbegriff mit dem seinigen in Einklang zu bringen, indem er das gängige Lustmodell zugrunde legt und es mit dessen eigenen Begriffen so auslegt, daß auch in ihm Lust nur als Unlustfreiheit gedacht sein kann. Daß dies ohne besondere Verrenkung möglich war, zeigt, wie sehr der Lustbegriff „in der Luft hing“, ein bloßes theoretisches Konstrukt war ohne ein Fundament in irgendeiner „Sache“, und daran hat sich bis heute wohl nichts Entscheidendes geändert (vgl. J.C.B. Gosling, Pleasure and desire, Oxford 1969). Wie anders ist es erklärlich, daß Epikur Lust als etwas definieren konnte, das bis dahin gerade durch ihre Abwesenheit definiert war? Denn er wurde ja nicht als „Spinner" abgetan, der mit wirren, sachfremden Begriffen hantiere, vielmehr zählte er zu den einflußreichsten Gestalten seiner Epoche, und seine Lehre hat über Jahrhunderte weiteste Verbreitung gefunden. Man möchte denken, Lust sei eine Grundgegebenheit des menschlichen Daseins mit einem eigenständigen Inhalt, der für jedermann eindeutig identifizierbar und ihm vertraut sei. Ein Blick auf die Geschichte des Begriffs an ihrem Anfang und an ihrem Ende zeigt indessen, daß das ein Irrtum wäre. „Lust" scheint ein ähnlich windiger Begriff mit wechselnden Inhalten wie etwa „Bewußtsein" oder „Recht".

Für das Verständnis des Epikureischen Lustbegriffs ist vor allem dreierlei festzuhalten: Erstens, daß es nur *eine* Lust und nicht mehrere Arten gibt. Epikur bewahrt darin eine Einsicht Aristipps, die in der Folgezeit immer wieder mißachtet worden ist, z.B. von John Stuart Mill, der in seiner Schrift *Utilitarianism* von 1861 zwischen sinnlicher und geistiger Lust ausdrücklich *qualitativ* unterscheidet. Das aber ist mit einem konsequenten Hedonismus nicht vereinbar (s.S. 39f.). Zweitens ist mit Nachdruck zu betonen, daß für Epikur die Lust stets *sinnlich* ist. Das unterstreicht er immer wieder mit aller nur wünschenswerten Deutlichkeit und zuweilen auch Derbheit, etwa: „Ursprung und Wurzel alles Guten ist die Lust des Bauches, auch das Weise und Überfliegende bezieht sich nur auf diese" (Us. Fr. 409). Solche Formulierungen waren sicher gedacht, um zu schockieren. Denn Epikur war ohne Zweifel ein Werbetalent, das wußte, wie man auf sich aufmerksam macht und wie man besonders die Jugend anspricht, die das Wenn und Aber nicht schätzt, sondern klare und eindeutige (und leicht verständliche) Positionen bevorzugt. Das ändert aber nichts an der Aufrichtigkeit solcher Äußerungen. Sie ergeben sich ganz konsequent aus Epikurs Überlegung über die Herkunft aller Werte. Man tut ihm daher keinen Gefallen, wenn man versucht, sein höchstes Gut zu vergeistigen und statt mit „Lust" mit „Freude", „joy"

u. ä. zu übersetzen, um ihn gewissermaßen „hoffähig“ und auch für die christlichen Abendländer akzeptabel zu machen. Man verfälscht dadurch nur seine Grundüberlegung, daß sich unser Werten letztlich nicht auf rationale Einsicht gründen könne, und es besteht kein Grund, diese Überlegung der platonisch-christlichen Sinnenfeindlichkeit zu opfern. Trotzdem lehrt Epikur keine Ausschweifung, „nicht Saufereien und Gelage in Serie und nicht den Genuß von Knaben und Frauen oder von Fischen und was sonst eine Luxustafel bietet“ (Men. 132). Denn drittens ist zu merken, daß für ihn Lust gleich Unlustfreiheit ist; er ist der Urheber des „negativen Hedonismus“, der lediglich gebietet, sich vor Unlust zu schützen. Deswegen ist Epikurs Telosbegriff auch nicht widersprüchlich, obwohl er ihn bald mit Ataraxie, bald mit Lust angibt. Beides ist für ihn dasselbe, da er den Lustbegriff so interpretiert, daß in ihm nie etwas anderes als das Freisein von Unlust enthalten ist, ob sich die Lust nun im Geiste oder in den Sinnen findet, ob sie zuständlich oder in Bewegung erscheint, denn auch im letzteren Fall ist sie nichts anderes als das steigende Empfinden der Unlustfreiheit.

Wenn ich sagte, daß Epikur der Urheber des negativen Hedonismus sei, so ist eine Einschränkung nötig. Die These, daß Lust gleich Freiheit von Unlust sei, ist nach dem Zeugnis Platons offensichtlich schon früher vertreten worden, jedoch wissen wir weder, von wem, noch, wie sie dort genau zu verstehen ist, ob in ähnlichem Sinne wie bei Epikur oder – was der Kontext bei Platon eher nahezulegen scheint und was einen gerade entgegengesetzten, nämlich *anti*hedonistischen Sinn hätte – als Begründung der Auffassung, daß es überhaupt keine Lust gebe, daß vielmehr das, was die Hedonisten als Lust bezeichneten, in Wahrheit nur die Befreiung von Unlust sei (Platon, Phil. 42 ff.). Wir können also nicht beurteilen, ob überhaupt und, wenn ja, wieweit und aus welcher Lage Epikur hier vorweggenommen wurde, geschweige denn, ob direkter Einfluß vorliegt. Jedenfalls scheinen die Verfechter der These nicht sehr überzeugend gewesen zu sein, denn Platon macht sich über ihr logisches Unvermögen lustig, da sie den neutralen Zustand der Lust- und Unlustfreiheit zur Lust machten und so silbernes Gold schüfen.

Der Epikureische Lustbegriff resultiert, wie es wohl bei wissenschaftlichen Begriffen häufig ist, nicht aus einer neuen Einsicht in eine „Sache“, sondern aus der besonderen geschichtlichen theoretischen Situation, in der er entstand. Epikur sah sich vor die Notwendigkeit gestellt, drei Dinge miteinander in Einklang zu bringen: den hellenistischen Glücksbegriff der Ataraxie, seine Reflexion, daß der letzte Wertgeber nur die Lust sein könne, und den traditionellen Lustbegriff. Aus dieser besonderen theoretischen Problemlage, dem Zwang, diese drei Elemente zu einem in sich konsistenten ethischen Begriffssystem zu vereinen, entsprang der negative Hedonismus. Von einer neuen, etwa empirischen Erkenntnis über die Eigenschaften der Lust gibt es dagegen keine Spur und kann es auch nicht geben, denn soweit hier von Empirie überhaupt die Rede sein kann, sprach sie, wie wir noch sehen werden, eher gegen Epikur. Sein geistiger Weg war vielmehr zusammengefaßt der: Der konsequente hellenistische Individualismus führt zu einer radikalen Verinnerlichung der Eudämonie, die in dem inneren Frieden gesehen wird, der mit dem Bewußtsein der Erreichbarkeit aller eigenen Zwecke verbunden ist. Epikur gibt sich damit jedoch nicht zufrieden, sondern fragt nach dem Grund der Wertschätzung des Seelenfriedens und gelangt zunächst, angeregt durch die Gedanken des Eudoxos und Aristipp, zu einem rein formalen Lustbegriff, der es ihm gestattet, Lust als Freiheit von Unlust und so als Ataraxie zu interpretieren. Damit gerät er freilich in krassen Gegensatz zum traditionellen Lustbegriff, der das bisherige hedonistische wie nichthedonistische Denken weitgehend bestimmt hatte. Er löst den Gegensatz durch eine geschickte begriffliche Umstellung, indem er das gängige Lustmodell an sich unangetastet läßt, es aber so auslegt, daß es nunmehr gerade seinen Lustbegriff bestätigt. Das Ergebnis ist ein Kompromiß, der Epikur zwar zu einigen Zugeständnissen zwingt (wie z.B. die Einteilung in zuständliche und Bewegungslust, die immer wieder mißverstanden wurde), der aber wohl geschichtlich nicht anders möglich war. Die Zeit war noch nicht reif für einen formalen Lustbegriff. Das bestätigt das Beispiel des Aristoteles, der ja ebenfalls schon versucht hatte, die Lust als Endzustand aufzufassen. Sein Begriff der „hinzutretenden Vollendung“ ist im Grunde auch rein formal und inhaltlich leer, aber Aristoteles ist sich dessen wohl nicht bewußt und vermag nichts damit anzufangen, weil er noch ganz der klassischen Weltdeutung verhaftet ist (s. S. 49). Epikur dagegen gelangt über den formalen Lustbegriff zu einer hedonistischen Interpretation der hellenistischen Telosvorstellung, ohne den herkömmlichen Lustbegriff allzusehr zu vergewaltigen.

Vielmehr knüpft er mit dessen Hilfe an die bisherige Diskussion an und vermag durch ihn seiner apriorischen Überlegung über den Ursprung unserer Werte eine empirische Bestätigung des Hedonismus hinzuzufügen, indem er ein weiteres Argument des Eudoxos aufgreift und verfeinert. Eudoxos hatte den Hedonismus durch den Hinweis gestützt, daß alle Lebewesen nach Lust strebten und diese daher das höchste Gut sei. Epikur redet nicht von den Lebewesen schlechthin, sondern – in einer im Hellenismus sehr beliebten Wendung – von den neugeborenen (Us. Fr. 66; 398; Cic. Fin. I 30). Der Sinn ist, daß das soeben geborene Wesen noch völlig unverdorben ist durch äußere Einflüsse und auch die eigene Vernunft noch in keiner Weise auf es einwirken konnte, so daß aus ihm die reine, unverfälschte Natur spricht. Da nun das Neugeborene sofort bei der Geburt nach Lust strebt und die Unlust flieht, so folgt, daß die Lust der einzige und wahre absolute positive Wert ist: der einzige, weil das gesamte Verhalten des Neugeborenen darauf gerichtet ist, Lust zu erfahren und Unlust zu meiden; der wahre, weil die Vernunft noch nicht eingreifen konnte, so daß es sich weder um einen bloß vermeinten, scheinbaren Grundwert noch um einen abgeleiteten Wert handeln kann, denn meinen und ableiten kann nur die Vernunft. Ein solches Argument überzeugt natürlich nur, wenn Lust eine inhaltlich bestimmte, empirisch identifizierbare Gegebenheit ist, mit einem bloß formalen Lustbegriff ließe sich auf diese Weise alles Beliebige als höchstes Gut erweisen.

3. Die Verfügbarkeit der Lust

Wir haben gesehen, daß das gemeinsame Glücksrezept der hellenistischen Philosophen darin bestand, sich nur solche Zwecke zu setzen, von denen man sicher ist, sie auch erreichen zu können (s. S. 56). Da nun Epikur in der Lust den Endzweck sieht, von dem alle weiteren Zwecke abhängen, so kam für ihn alles darauf an darzulegen, daß wir jederzeit über genügend Lust verfügen können. Dieser Nachweis ist die herausragende Leistung der Vernunft, die zwar selbst keinen absoluten Endzweck setzen kann, aber sie kann den Weg weisen, wie man ihn erreicht, indem sie die Mittel dazu erforscht. Und dazu ist nur sie allein imstande, so daß alle übrigen Werte, die abgeleiteten, relativen, von ihr erkannt werden, und natürlich auch die Stellung der Lust als höchstes Gut, von der wir uns ohne sie nur instinktiv leiten lassen, wird erst durch die Vernunft zu klarer begrifflicher Erkenntnis gebracht, indem sie sich eingesteht, daß sie mit ihren Fähigkeiten bei der Lust an ein absolutes Ende gelangt ist, über das hinaus sie keine Erklärungen weiter geben und kein höheres Gut, aus dem sich der Wert der Lust noch ableiten ließe, mehr finden kann. Nur durch seine Vernunft und ihre Verwalterin, die Philosophie, ist also der Mensch in der Lage, seine Glückschance zu erkennen und ihre Verwirklichung selbst in die Hand zu nehmen, indem sie ihn lehrt, worin das höchste Gut besteht und wie er es sich jederzeit beschaffen kann, so daß er sich Hoffnung machen darf, aus eigener Kraft, von allen Zufällen des Lebens unbehelligt, sich eine dauerhafte Glückseligkeit zu sichern. Daher rührt der unbeirrbare Glaube Epikurs an die Vernunft, dessentwegen man seine Lehre ohne Einschränkung als aufklärerisch bezeichnen muß. Er ist allem Abergläubischen, Magischen, Mystischen aus ganzer Seele abhold. Für ihn ist es „besser, mit Verstand Pech als ohne Verstand Glück zu haben" (Men. 135). Nicht Ausschweifung und Luxus, schreibt er an Menoikeus, „schaffen das lustvolle Leben, sondern nüchternes Rechnen der Vernunft *(nêphôn logismos)*, das die Gründe alles Wählens und Meidens erforscht und das die Wahnvorstellungen vertreibt, derentwegen größte Aufregung die Seelen ergreift“ (Men. 132). In seiner Schule richtete sich die Verehrung dann mehr als auf die eigene Vernunft auf die Weisheit des Schulgründers, der die Menschheit über die wahren Zusammenhänge der Natur und des Lebens aufgeklärt und so die Seelen erleuchtet und zur Ruhe gebracht habe. Die Bewunderung für Epikur schlug fast schon wieder ins Irrationale um, insofern er wie ein Gott verehrt wurde. Hiervon erhält man ein anschauliches Bild, wenn man die Proömien liest, mit denen Lukrez die Bücher I, III, V und VI seines Lehrgedichts *Über die Natur der Dinge* einleitet.

Wie nun läßt sich die Verfügbarkeit der Lust einsehen? Durch seinen besonderen Lustbegriff hat Epikur bereits so viel sichergestellt, daß Lust kein bloßes Übergangsphänomen, sondern ein dauerfähiger Endzustand ist, nämlich der der Unlustfreiheit, so daß niemand fürchten muß, daß ihm die Lust und damit das Glück immer nur für eine kurze Zeit zuteil werden könne. Ferner ergibt sich aus dem Lustbegriff, daß man sie dann als verfügbar ansehen darf, wenn sich dartun läßt, daß man alle Unlust vermeiden kann, weil Lust eben im Freisein von Unlust besteht. Unlust aber war definiert durch einen Mangel, ein Bedürfnis; wir empfinden sie dann, wenn uns zu unserem naturgemäßen Zustand etwas fehlt (s. S. 43. 65 ff.). Folglich muß bewiesen werden, daß unerfüllbare Bedürfnisse vermeidbar sind. Solche Bedürfnisse entspringen nach Epikur aus drei Quellen: Furcht, Begierde und Schmerz. Es kommt somit darauf an, diese Quellen unter Kontrolle zu halten. So heißt es in HL 10: „Wenn das, was die Lüste der Prasser erzeugt, die Ängste der Vernunft auflöste, die vor Himmelserscheinungen und Tod, und ferner die Grenze der Begierden und der Schmerzen lehrte, hätten wir nichts, was wir ihnen vorwerfen könnten, da sie allseitig von den Lüsten ausgefüllt wären und von keiner Seite Schmerzendes oder Betrübendes erführen, worin das Übel besteht“ (griech. Text nach v. d. Muehll 1965, 229 f.; vgl. HL 11 auf S. 110).

Mit der Einteilung der Glücksgefahren in Furcht, Begierde und Schmerz greift Epikur auf ein Schema zurück, das sich schon bei Platon und auch etwa bei den Stoikern findet, so daß man davon ausgehen darf, daß es weit verbreitet war. Es ist allerdings in der Regel viergliedrig und dient zur Einteilung der „Affekte“ *(pathê)*. Das vierte Glied ist die Lust, die aber bei Epikur natürlich nicht als Bedrohung der Glückseligkeit erscheinen kann, da sie für ihn gerade das höchste Gut ist. Daher verkürzt er die Einteilung auf drei Glieder. Von diesen sind Furcht und Begierde vernunftbedingt, weil sie auf Zukünftiges gerichtet sind, wozu Vernunft erforderlich ist, weil die Sinne auf die jeweilige Gegenwart eingeschränkt sind. Da sie also von der Vernunft selbst erzeugt werden, besteht berechtigte Aussicht, daß sie sich auch durch bloße vernünftige Einsicht ausschalten lassen. Viel schwieriger dagegen erscheint es, den körperlichen Schmerz auf solche Weise zu überwinden.

a) Furcht

Epikur hat in der Furcht offenbar die größte Gefahr für die Glückseligkeit gesehen, jedenfalls nennt er sie immer an erster Stelle. Und zwar konzentriert er sich vornehmlich auf zwei Ängste: die Furcht vor den Göttern, deren strafendes Eingreifen sich vermeintlich in den Himmelserscheinungen ankündigt, und die Furcht vor dem Tode. Warum gerade diese beiden Ängste in den Mittelpunkt treten, erklärt sich aus dem Zusammenhang, in dem die Furcht für Epikur zum Problem wird. Es geht um die Ausschaltung unerfüllbarer Bedürfnisse. Furcht nun ist die Erwartung eines künftigen Übels, also künftiger Unlust, und daraus entspringt das Bedürfnis, dem drohenden Unheil zu entgehen. Dieses aber scheint vor allem dann unerfüllbar, wenn es sich auf göttliche Strafe oder den Tod bezieht, weil der Mensch gegenüber beidem machtlos ist. Vor einem vom Gegner geworfenen Speer kann er sich schützen, ein von Zeus auf ihn geschleuderter Blitz jedoch trifft ihn immer, was er auch dagegen unternehmen mag. Und daß der Tod unvermeidbar ist, ist ohnehin ein Gemeinplatz. Trotzdem spielt die Todesfurcht vor Epikur in der Philosophie, soweit ich sehe, keine besondere Rolle. Daß sie bei ihm so zentral wird, darf man vielleicht ferner so deuten, daß er für die neu aufkommenden

Ängste der Epoche, die aus dem Individualismus erwachsen, besonders sensibel ist. Denn der Tod ist eine individuelle Angelegenheit, und je deutlicher der einzelne zum Sinnträger des Ganzen wird, um so mehr muß auch der Tod an Bedeutung gewinnen. Wo dagegen die Gemeinschaft Sinn und Zweck des Ganzen bildet, fällt das Ausscheiden des einzelnen weniger ins Gewicht.

Wie die Furcht vor den Göttern die Menschen peinigt, wie sie ihr Dasein verdunkelt, sie erniedrigt und zu Sklaven macht, wie selbst diejenigen, die an sich eine vernünftige und nüchterne Weltsicht haben, angesichts von Naturereignissen, deren Ursachen sie nicht kennen, doch wieder schwankend werden und vor den Himmelserscheinungen zittern, schildert Lukrez eindrucksvoll in mehreren Passagen (Lucr. I 62ff. V 83ff. VI 35ff.). Um diese Geißel der Menschheit auszurotten, muß nach Epikur der Aberglauben überwunden werden, daß die Götter die Welt regierten. Epikur unternimmt das in zwei Schritten. Zum einen zeigt er, daß es dem Wesen der Götter widerspricht, sich um die Welt zu kümmern. Zum andern führt er vor, wie sich alle Erscheinungen am Himmel und auf der Erde, die die Menschen auf göttliches Wirken zurückführen, ebensowohl ohne Einwirkung der Götter erklären lassen.

Den ersten Schritt erledigt er durch ein analytisches Argument. So schreibt er an Menoikeus: „Halte die Gottheit für ein unvergängliches und seliges Lebewesen, so wie der allgemeine Begriff der Gottheit vorgezeichnet ist, und hänge ihr nichts an, was entweder der Unvergänglichkeit fremd oder der Seligkeit unangemessen ist. Glaube vielmehr alles das von ihr, was ihre mit Unvergänglichkeit gepaarte Seligkeit zu bewahren vermag. Denn Götter gibt es, die Erkenntnis ihrer ist evident. Wie sie sich aber die breite Masse vorstellt, sind sie nicht, denn sie bewahrt sie nicht, so wie sie sie sich vorstellt. Gottlos ist nicht der, der die Götter der Masse abschafft, sondern der, der den Göttern die Vorstellungen der Masse anhängt, denn die Aussagen der Masse über die Götter sind keine wahren Begriffe, sondern falsche Mutmaßungen. Daher werden die größten Schädigungen und Förderungen von den Göttern hergeleitet, denn da die Masse immer nur mit ihren eigenen Tugenden vertraut ist, akzeptiert sie nur die Gleichartigen, während sie alles, was nicht derart ist, für unangemessen hält" (Men. 123f.). Epikur beschreitet also keinesfalls den Weg des Atheismus, sondern bekräftigt ausdrücklich die Existenz der Götter. Die Furcht vor ihnen versucht er durch eine bloße Analyse ihres Begriffs als seliger Wesen zu beheben, indem er dartut, daß Seligkeit sich nicht mit Weltregierung verträgt. Im *Herodot-Brief* erläutert er dies genauer: „Und bei den Himmelskörpern darf man weder glauben, daß Lauf, Wende, Finsternis, Aufgang, Untergang und was damit zusammenhängt durch die Leistung und die dauernde oder einmalige Anordnung eines Wesens entstehe, das zugleich die ganze Seligkeit im Verein mit Unvergänglichkeit besitze – denn Geschäfte, Sorgen, Zornesausbrüche und Gunsterweise vertragen sich nicht mit Seligkeit, sondern entstehen aus Schwäche, Furcht und Abhängigkeit von den Nächsten –, noch auch, daß etwas, das nur zusammengeballtes Feuer ist, im Besitz der Seligkeit sei und diese Bewegungen nach eigenem Belieben annehme. Vielmehr muß man die ganze Erhabenheit bewahren bei allen Bezeichnungen, mit denen man sich auf solcherart Vorstellungen bezieht, damit aus ihnen keine Anschauungen [entspringen], die der Erhabenheit widerstreiten; andernfalls wird eben dieser Widerstreit die größte Beunruhigung in den Seelen anrichten" (Her. 76f.). Man braucht im Grunde also lediglich den Gottesbegriff in seiner Reinheit unverfälscht zu bewahren, um von allen religiösen Ängsten verschont zu bleiben.

Der zweite Schritt zur Behebung der Götterfurcht, der Nachweis, daß sich alles, was zwischen Himmel und Erde geschieht, auf natürliche Weise ohne Rückgriff auf die Götter erklären läßt, ist Aufgabe der Naturlehre.

Die verheerenden Folgen der Todesfurcht beschreibt wiederum Lukrez mit dichterischer Anschaulichkeit: wie sie den inneren Frieden von Grund auf zerstört und alle Lust trübt, wie sie Habsucht und Neid, Haß und Mord gebiert, ja wie sie die Menschen so in den Wahnsinn treibt, daß sie sich aus Todesangst selbst umbringen (Lucr. III 37ff.). Epikur hat versucht, den Gründen, warum den Menschen der Tod so schrecklich erscheint, nachzugehen und gelangt offenbar zu vier Motiven: Erstens fürchten sie, daß er Schmerzen bereite, wenn auch vielleicht nicht das Sterben selbst, so aber doch der bevorstehende Tod (Men. 125). Zweitens „erwarten oder argwöhnen sie aufgrund der Mythen einen ewigen Schrecken" nach dem Tode (Her. 81. Vgl. Lucr. III 870ff.). Drittens „haben sie gerade vor der Empfindungslosigkeit im Totsein Angst" (Her. 81), und viertens glauben sie, daß der Tod die Glücksmöglichkeiten verkürze, daß ihnen durch ihn „etwas vom besten Leben abgehe" (HL 20). Dieser Katalog, der allerdings so nicht im Zusammenhang überliefert ist, zeigt, daß Epikur bemüht ist, die Todesfurcht als durchaus rational erscheinen zu lassen, um sie dann auch durch rationale Argumentation ausräumen zu können; denn alle aufgeführten Motive sind gewiß rational nachvollziehbar. Lediglich im dritten Punkt ist so etwas wie eine vitale irrationale Todesangst miterfaßt, aber das beeinträchtigt die Wirkung der Epikureischen Argumentation dennoch nicht, weil gerade der Verlust aller Empfindung im Tode das Argument ist, mit dem Epikur die ersten drei Motive entkräftet. Diese beruhen ja alle auf der Annahme, daß der Tod selbst oder was auf ihn folgt, in irgendeiner Weise ein Übel sei. Epikur hält dem entgegen, daß der Tod und alles, was danach kommt, für uns vollkommen gleichgültig sei, weil es gar keinen Wert, weder negativ noch positiv, haben *könne*. „Gewöhne dich an den Gedanken, daß der Tod uns nichts angeht. Denn alles Gut und Übel ist in der Empfindung, der Tod aber ist der Verlust der Empfindung ... Daher ist töricht, wer sagt, er fürchte den Tod nicht deshalb, weil er schmerzen werde, wenn er da sei, sondern weil er schmerze, wenn er bevorstehe; denn was nicht weh tut, wenn es da ist, das schmerzt in der Erwartung grundlos. Das schaurigste der Übel also, der Tod, geht uns nichts an, denn solange wir sind, ist der Tod nicht da, wenn aber der Tod da ist, dann sind wir nicht mehr. Er geht also weder die Lebenden an noch die Toten, denn bei den einen ist er nicht, und die anderen sind nicht mehr" (Men. 124f.).

Ein solches Argument wäre in der Klassik nicht möglich gewesen. Es verfängt nur unter der Voraussetzung, daß das Individuum Sinn und Zweck der Welt ist, so daß jedes Gut oder Übel allein von seinem eigenen Empfinden abhängt und alles, was es nicht empfinden, wessen es sich selbst nicht bewußt werden kann, ohne jegliche Bedeutung für es ist. Nur dann kann Epikur sagen: „Der Tod geht uns nichts an. Denn was sich aufgelöst hat, hat keine Empfindung. Was aber keine Empfindung hat, geht uns nichts an" (HL 2). Eine derartige Anschauung mag uns heute nicht so fremd vorkommen, aber gegenüber der antiken Klassik bedeutete sie eine radikale Revolution der Denkungsart.

Die ersten drei Gründe der Todesfurcht werden auf diese Weise entkräftet, gegen den letzten, die Angst um die Glücksmöglichkeiten, bedient sich Epikur seines restriktiven Lustbegriffs: „Die unendliche Zeit enthält die gleiche Lust wie die begrenzte, wenn man die Grenzen der Lust mit dem Denken mißt" (HL 19). Und: „Für das Fleisch liegen die Grenzen der Lust im Unendlichen, und nur eine unendliche Zeit verschafft sie. Die Vernunft dagegen, die die Einsicht in das Ziel und die Grenze des Fleisches erlangt und die Ängste hinsichtlich der Ewigkeit zerstreut hat, verschafft das vollkommene Leben und bedarf in nichts noch zusätzlich der unendlichen Zeit. Vielmehr flieht sie weder die Lust, noch wenn die Dinge den Abgang aus dem Leben bereiten, stirbt sie, als ob ihr etwas vom besten Leben abginge" (HL 20). Da Lust in der Freiheit von Unlust besteht, so gibt es für sie eine absolute Höchstgrenze: Wenn alle Unlust beseitigt ist, dann ist keine Steigerung mehr möglich (HL 3, s. S. 67). Auch die Dauer der Lust bedeutet keinerlei Wertzuwachs, denn dadurch, daß man länger frei von etwas ist, wird man davon um keinen Deut freier, so daß eine Minute des Glücks einer Ewigkeit gleichzusetzen ist. Freilich könnte man einwenden, daß jemandem, der noch nie die vollkommene Lust erlebt habe, diese Möglichkeit durch den Tod genommen werde. Indessen kann dieser Fall nicht eintreten, weil, wie wir gleich sehen werden, für Epikur sich jedermann die höchste Lust jederzeit ohne Schwierigkeiten verschaffen kann. Auf diese Weise gelingt es Epikur, mit Hilfe seines besonderen Lustbegriffs den bloßen Zeitfaktor auszuschalten; denn der Unterscheidung zwischen intensiven und extensiven Größen konnte er sich zu diesem Zweck nicht bedienen, da er über sie, soweit ich sehe, nicht verfügte.

Die ideale Haltung gegenüber Leben und Tod ist die der hinnehmenden Gelassenheit. Epikur umreißt sie an Menoikeus so: „[Der Weise lehnt weder das Leben ab], noch fürchtet er das Nichtleben, denn weder widersteht ihm das Leben, noch meint er, das Nichtleben sei ein Übel. Wie er bei der Speise keinesfalls die größte Portion wählt, sondern die lustvollste, so genießt er auch bei der Zeit nicht die längste, sondern die lustvollste. Wer aber mahnt, der Jüngling solle schön leben, der Greis schön sterben, der ist naiv, nicht nur wegen der Annehmlichkeit des Lebens, sondern auch weil die Bemühung um ein schönes Leben und einen schönen Tod dieselbe ist. Noch viel schlimmer ist der, der sagt, es sei schön, nicht geboren zu sein, aber

ist man geboren, aufs schnellste des Hades Tor zu
durchschreiten.

Denn wenn er dies im Ernst sagt, warum scheidet er nicht aus dem Leben? Denn dies steht ihm ja frei, wenn er dazu fest entschlossen wäre. Redet er aber im Spott, so verhält er sich töricht in Dingen, die keinen Spott vertragen" (Men. 126f.). Voraussetzung dieser Haltung ist, daß das Dasein mit dem Tode tatsächlich endet, was insbesondere bedeutet, daß auch die Seele sterblich ist. Das nachzuweisen ist wiederum Aufgabe der Naturlehre.

b) Begierde

Die zweite Quelle unerfüllbarer Bedürfnisse war die Begierde. Diese ist auf ein zukünftiges Gut gerichtet, also auf zukünftige Lust. Hier nun vor allem kam es darauf an, der Ansicht entgegenzutreten, daß Lust unbegrenzt steigerungsfähig sei, weil diese Ansicht in erster Linie auf diesem Felde zur Ausbildung unerfüllbarer Bedürfnisse führt. Epikurs Lustbegriff bot hiergegen in zweifacher Hinsicht eine ausgezeichnete Handhabe. Denn aus ihm resultiert nicht nur, daß es für die Lust eine absolute Höchstgrenze gibt, nämlich das vollkommene Freisein von Unlust, so daß, wenn das einmal erlangt ist, jedes weitere Begehren sinnlos ist, weil die Unlustfreiheit das einzige Gut ist und freier als frei von etwas niemand werden kann. Zum anderen aber folgt aus dem Lustbegriff auch, daß die höchste Lust mit geringsten Mitteln jederzeit leicht erreichbar sein muß. Legt man nämlich das – Epikureisch gedeutete – traditionelle Modell zugrunde, so liegt die Lust nicht in dem eigentlichen Werdensprozeß der Unlustbeseitigung, sondern in der resultierenden Unlustfreiheit, nicht das Essen selbst z.B. ist Lust, sondern das durch es erzeugte Sattsein (das während des Essens langsam mehr wird, bis es schließlich vollendet ist) (s. S. 65 ff.). Infolgedessen ist die *Art, wie* die Unlust beseitigt wird, vollkommen gleichgültig, sie hat keinerlei Einfluß auf die Höhe der Lust, da es allein darauf ankommt, *daß* die Unlust beseitigt wird. Daher sind alle Mittel, die das bewirken, absolut gleichwertig, und jedermann kann sich mit dem Einfachsten, das überall verfügbar ist, ohne jeden Nachteil begnügen. Denn auch der Gedanke, daß diejenigen Mittel, die die Unlustfreiheit schneller oder nachhaltiger herstellen, den anderen vorzuziehen seien, wäre kein Einwand. Einmal nämlich sind dies in aller Regel gerade die einfachen und nicht die raffinierten Genüsse, weil die Verlangsamung der Unlusttilgung als Verlängerung des Genießens und Erhöhung des Raffinements angesehen zu werden pflegt; Wasser löscht den Durst gewiß schneller und nachhaltiger als ein edler Chios, um bei den antiken Gelüsten zu bleiben. Zum andern spielt der Zeitfaktor, wie gezeigt, für Epikur keine Rolle (s. S. 82 f.). So kann er denn verkünden: „Die schlichten Suppen bereiten die gleiche Lust wie eine aufwendige Kost, sooft das Schmerzende des Mangels ganz beseitigt wird, und Brot und Wasser verschaffen die höchste Lust, wenn einer sie aus Mangel zu sich nimmt. Die Gewöhnung an die einfachen und nicht aufwendigen Lebensweisen trägt also nicht nur zur Gesundheit bei, sondern macht den Menschen auch zielsicher in den notwendigen Verrichtungen des Lebens, läßt uns in einer besseren Verfassung, wenn wir in Abständen zu den Aufwendigen gehen, und macht uns furchtlos gegenüber dem Zufall“ (Men. 130 f.).

Epikurs Lustbegriff bietet somit die besten Voraussetzungen, um die Verfügbarkeit der Lust plausibel zu machen. Diese Leistungen haben freilich ihren Preis, denn Epikur gerät auf diese Weise in Gegensatz zur landläufigen Deutung der alltäglichen Lebenserfahrung. Demjenigen, der von seiner Mutter gelernt hat, daß Hunger der beste Koch sei, müssen Epikurs Thesen absonderlich vorkommen. Wenn Lust gleich Unlustfreiheit ist, so daß sie ihre Höchstgrenze mit völliger Abwesenheit aller Unlust erreicht, dann muß angenommen werden, daß sie mit zunehmender Unlust schwindet, was bedeutet, daß sie am geringsten, wenn die Unlust am größten ist. Konkret gesprochen ergibt das, daß, je größer der Hunger, desto geringer der Genuß am Essen, je stärker der Durst, um so schwächer die Lust am Trinken ist. Ein solches Ergebnis ist an sich keineswegs unwillkommen, denn dadurch liefert Epikurs Lustbegriff neben den genannten noch den weiteren Vorteil, daß ein Problem nicht auftaucht, das alle Hedonisten plagt, die das übliche gegenläufige Modell verwenden, nach dem die Lust nur im Übergang liegt und immer mehr schwindet, bis sie mit Erreichen des naturgemäßen Zustands ganz aufhört. Mit diesem Modell läßt sich zwar erklären, weshalb wir meinen, daß der Genuß dann am größten sei, wenn das Bedürfnis am stärksten sei, aber es ergibt sich auch die für den Hedonisten mißliche Wendung, daß die Größe der Lust von der Größe der Unlust abhängt, so daß die Absurdität herauskommt, daß man, um sein Glück zu mehren, größeres Unglück suchen muß. Schon Platon macht sich darüber lustig, daß man sich, wenn man die Lust in ihrer stärksten und damit deutlichsten Form untersuchen wolle, nicht an die Gesunden, sondern an die Kranken halten müsse, denn je heftiger die Krätze, desto schöner das Jucken (Phil. 44c ff.). Bei Epikur ist dies vermieden, aber dafür scheint seine Theorie der alltäglichen Erfahrung zu widersprechen, daß mit dem Bedürfnis auch die Freude an seiner Befriedigung wächst. Epikur kann zwar begründen, daß nur der Hungrige am Essen wirklichen Lust*gewinn* habe, weil ja der Satte schon im Vollbesitz der Lust sei, aber nach ihm müßte die Lust mit dem Verlauf des Essens steigen und nicht abnehmen. Wie er sich zu dieser Frage stellt, lassen die Quellen nicht erkennen, auch nicht, ob er hier überhaupt ein Problem gesehen hat. Bevor man ihn deswegen jedoch tadelt, gebe ich zu bedenken, ob das, was in diesem Zusammenhang als „alltägliche Erfahrung" auftaucht, wirklich das ist, was wir mit dem Begriff der Erfahrung verbinden, nämlich ein gegebenes Faktum. Ich hatte schon Gelegenheit anzumerken, daß der Begriff der Lust ziemlich „in der Luft zu hängen" scheint und seine Bindungen an die Empirie eher locker sind. Man muß daher vielleicht auch jetzt mit der Möglichkeit rechnen, daß unsere Vorstellungen über den Zusammenhang zwischen Lust und Begierde nicht so sehr auf den Fakten als auf dem, was uns von Jugend an eingetrichtert worden ist, beruhen und daß sich auch heute durchaus jemand denken läßt, der Epikur beipflichten möchte, indem er sich ausmalt, wie der Ausgezehrte zwar mit größter Gier schlingt, wie aber jemand mit normalem Appetit den sichtlich größeren bewußten Genuß am Essen hat.

Auch in einem anderen Punkt ist Epikurs Ansicht vielleicht nicht so paradox, wie sie auf den ersten Blick scheint. Ich meine seine These, daß über die Unlustfreiheit hinaus keine Luststeigerung mehr möglich sei. Wer je an einem Festessen teilgenommen hat, muß dies für töricht und Epikur für einen weltfremden Askeseapostel halten. Es würde bedeuten, daß bei einer normalen Menüfolge die Gäste spätestens am Fleischgang keinen Genuß mehr verspürten, geschweige denn am Dessert. Diesen Eindruck erwecken sie aber keineswegs, wenn man sieht, mit welchem Vergnügen viele noch die Petits fours zum Kaffee verspeisen. Und was das Trinken betrifft, so wird ohnehin jemand, der Wein zum Durstlöschen nimmt, von Kennern für einen Banausen gehalten. Epikur versucht dem Rechnung zu tragen mit dem Begriff der „Variation": „Sowie einmal das Schmerzende des Mangels beseitigt ist, mehrt sich die Lust im Fleische nicht mehr, sondern variiert (*poikilletai*) nur" (HL 18. Vgl. Us. Fr. 417. Cicero, Fin. I 38). Wie dieser Begriff genau zu verstehen ist, wieweit er überhaupt präzisiert wurde, darüber schweigen sich die Quellen allerdings aus. So wie sie überliefert ist, ist diese Lösung jedenfalls nicht optimal, denn sie ist erstens mißverständlich und zweitens nicht sonderlich erhellend. Mißverständlich deshalb, weil ja die Abwechslung sprichwörtlich als lusterzeugend gilt (vgl. Aristoteles, NE 1154b 28f.). Das darf sie bei Epikur aber auf keinen Fall sein, weil dann eben das gegeben wäre, was gerade ausgeschlossen werden soll, nämlich die Möglichkeit, die Lust auch nach Erreichen der Unlustfreiheit noch zu erhöhen, insofern die Abwechslung zusätzlichen Lustgewinn gewährte. Diese muß folglich als wertneutral gedacht werden, aber in dem Falle erklärt der Begriff das Verhalten der Menschen, ihr Verlangen nach Aufwand, nicht mehr, und man kann auf ihn verzichten, indem man unmittelbar urteilt, die Menschen handelten unvernünftig. Es wäre zweifellos günstiger gewesen, das Problem wie eine Definitionsfrage zu behandeln, und zwar des Begriffs der Unlustfreiheit. Jeder hätte Epikur wohl zugestanden, daß bei allen mit Lust verbundenen Tätigkeiten irgendwann ein Punkt erreicht ist, an dem das Vergnügen aufhört. Irgendwann bereitet das Essen oder Trinken oder Leben in der Tat keinen Genuß mehr. Aber wie läßt sich dieser Punkt bestimmen? Epikur kann antworten: Eben dadurch, daß keine Unlust mehr vorhanden ist. Denn woran läßt sich feststellen, wann jemand ohne Unlust, ohne Mangel ist, bzw. umgekehrt, wann ihm etwas mangelt? Offenbar nur daran, daß er sich entsprechend äußert oder entsprechend handelt. D.h. der Unlustbegriff läßt sich als relativ leer behandeln, so daß er nicht mehr bezeichnet als die Ursache jedes sprachlichen oder tätlichen Verhaltens. Dann darf man sagen, daß, solange jemand etwas Bestimmtes tut, er eine Unlust verspürt und, wenn er sie nicht mehr verspürt, er auch nicht mehr so handelt; also solange jemand ißt, empfindet er irgendeinen Mangel, ist er nicht im naturgemäßen Zustand, sobald er aber in ihn zurückgekehrt ist, hört er auf zu essen. Auf diese Weise wird das Problem einer Luststeigerung über die Unlustfreiheit hinaus durch eine geeignete Fassung des Begriffs der Unlustfreiheit auf analytische Art gelöst. Es ist dann a priori ausgeschlossen, daß jemand, der vollkommen unlustfrei ist, sich noch um irgendeinen Lustgewinn bemüht, weil, sollte er es tun, eben dieses anzeigt, daß er *nicht* unlustfrei ist. Freilich war eine solche Lösung für Epikur kaum akzeptabel. Zwar würde sein Lustbegriff durch sie mit dem tatsächlichen Verhalten der Menschen in Einklang gebracht, aber gleichzeitig verlöre er seine normative restringierende Kraft, und gerade auf sie kam es Epikur an. Er wollte nicht das menschliche Verhalten neu erklären, sondern es verändern. Was er zeigen wollte, war, daß das Höchstmaß an Lust und damit das vollkommene Glück relativ niedrig anzusetzen sei, so daß es von jedermann leicht erreichbar sei und die meisten Anstrengungen der Menschen sinnlos seien. Das aber war mit einem so weit gefaßten Unlustbegriff nicht möglich, weil er jedes beliebige Verhalten rechtfertigen würde. Deswegen behalf sich Epikur mit dem etwas verunglückten Begriff der Variation, die man sich wertneutral denken müßte.

Am schwersten ist es wohl, Epikur in seinem dritten Paradoxon zu folgen, daß Brot und Wasser nicht schlechter schmeckten als Fisch und Wein, weil die *Art* der Unlustbeseitigung gleichgültig sei. Einerseits büßt dadurch der Hedonismus einen Großteil seiner Entscheidungsleistung ein. Letzten Endes müssen wir auf diese Art vor einer Speisekarte alle verhungern wie Buridans Esel, denn wenn die Lust das einzige Entscheidungskriterium ist und die angebotenen Speisen sich darin in keiner Weise unterscheiden, dann ist eine Wahl unmöglich. Andererseits spricht auch der Augenschein doch sehr gegen Epikurs These. Selbst der gänzlich Ausgehungerte zieht, vor die Wahl gestellt, ohne Zögern sein Leibgericht allen anderen vor, weil er sich davon aus Erfahrung einen größeren Genuß verspricht. Auch in diesem Punkt reicht die Überlieferung nicht aus, um einen genaueren Einblick in Epikurs Lehre zu gewinnen. Zur Beurteilung sollte man aber wiederum die mangelnde Fundierung des Lustbegriffs im Auge behalten. Es ist zwar unleugbar, daß jeder in Sachen des Genießens seine persönlichen Vorlieben hat, die Frage ist jedoch, woher sie stammen. Die Tatsache, daß sie viel weniger von Person zu Person als von Kultur zu Kultur variieren, läßt den Verdacht aufkommen, daß in dieser Hinsicht das Wesentliche aus Erziehung und Ideologie geboren sein könnte, so daß Epikurs These keineswegs mehr so abwegig wäre.

Jedenfalls ist sie ein hervorragendes Argument für die Verfügbarkeit der Lust, da sie im Verein mit der Vorstellung einer Höchstgrenze der Lust es gestattet, die Begierden als Quelle der Unlust auszuschalten. Zu diesem Zweck teilt Epikur die Begierden ein: „Man muß sich klarmachen, daß von den Begierden die einen natürlich, die anderen leer und von den natürlichen die einen notwendig, die anderen nur natürlich sind; von den notwendigen wiederum sind die einen zur Glückseligkeit notwendig, die anderen zur Störungsfreiheit des Körpers, die dritten zum bloßen Leben" (Men. 127). Diese Einteilung ist nicht ohne Probleme. Sie wird erläutert durch zwei Lehrsätze aus den *Hauptlehren*: „Alle Begierden, die nicht zum Schmerz führen, wenn sie nicht erfüllt werden, sind nicht notwendig, sondern ihr Begehren ist rasch zerstreut, wann immer sie sich auf schwer zu beschaffende Dinge zu richten oder Schaden zu stiften scheinen" (HL 26). Und: „Wenn bei den Begierden, die zwar natürlich sind, aber nicht zum Schmerz führen, wenn sie nicht gestillt werden, der Eifer intensiv ist, dann stammen sie aus leerem Wahn, und daß sie sich nicht auflösen, liegt nicht an ihrer eigenen Natur, sondern am leeren Wahn des Menschen" (HL 30). Mit konkreten Beispielen versorgen uns die Scholiasten, wobei mir ein Scholion zur *Nikomachischen Ethik* des Aristoteles die sinnvollste Deutung zu liefern scheint (Us. Fr. 456; vgl. DL X 149). Natürlich und notwendig sind also Begierden, die Unlust verursachen, falls man sie nicht befriedigt. Als Beispiel wird das Verlangen nach Nahrung und Kleidung angeführt, gemeint sind mithin die heute sogenannten Grundbedürfnisse. Die Begierden, die zwar nicht notwendig, aber dennoch natürlich sind, werden dadurch charakterisiert, daß sie schnell vergehen, sobald ihre Befriedigung Schwierigkeiten zu bereiten verspricht. Beispiel ist das Sexualverlangen. Alle übrigen Begierden entspringen der bloßen, leeren Einbildung. Sie kann entweder die nur natürlichen Begierden übersteigern, so daß sie wie notwendige erscheinen, wenn etwa jemand meint, er könne ohne sexuelle Befriedigung nicht leben. Oder sie kann ganz neue Begierden in die Welt setzen, wofür als Beispiele angeführt werden der Ehrgeiz und die Sucht nach bestimmten Speisen oder nach besonderer Kleidung, also nach Luxus.

Ein Problem bildet vor allem die Unterteilung der notwendigen Begierden in solche, die zur Glückseligkeit, zur Störungsfreiheit des Körpers oder zum bloßen Leben notwendig sind. Verwunderlich ist, daß die zum Glück notwendigen als eine besondere Unterklasse erscheinen, wo sie doch eigentlich die ganze Klasse der notwendigen bilden müßten; denn diese sind ja dadurch definiert, daß sie bei fehlender Befriedigung Unlust, d.h. Unglück erzeugen, folglich sind sie alle bzw. ihre Befriedigung notwendig zur Unlustfreiheit, d.h. zur Glückseligkeit. Die Dreiteilung ist wohl so zu verstehen, daß sie nicht bei-, sondern unterordnet, so daß die zum Glück notwendigen Begierden die zur Störungsfreiheit des Körpers notwendigen und diese die zum bloßen Leben notwendigen unter sich enthalten. Der Sinn der Unterteilung ist offenbar zu verdeutlichen, daß weder die Erfüllung der bloßen Elementarbedürfnisse wie Nahrung und Kleidung noch des Verlangens nach körperlicher Unversehrtheit zur Glückseligkeit hinreicht, denn jemand, der satt und gut gekleidet ist, kann nichtsdestoweniger an einer Krankheit leiden, und auch wenn er körperlich gesund ist, kann er immer noch psychisch gestört sein. Umgekehrt aber führt mangelnde Stillung der Elementarbedürfnisse notwendig zu körperlichem Unwohlsein und dieses verursacht seelische Unlust, so daß die Seelenruhe in allen Fällen tangiert ist, denn die Seele ist das eigentlich empfindende Organ. Die auf den Seelenfrieden gerichteten Begierden bilden somit die oberste Klasse, die die beiden anderen unter sich faßt, wobei von diesen noch einmal die eine der anderen untergeordnet ist. So erklärt sich auch, wie Epikur statt von den zur Seelenruhe von den zur Glückseligkeit notwendigen Begierden sprechen kann, wodurch die ganze Verwirrung erst entsteht; da nämlich das Glück in nichts anderem als in der Seelenruhe besteht, so richten sich die Begierden nach dieser *unmittelbar* auf das Glück, die anderen dagegen nur mittelbar, indem sie die ersteren nach sich ziehen. Das Verhältnis ist ähnlich, wie wenn Epikur das höchste Gut bestimmt als Ataraxie der Seele und Schmerzfreiheit des Körpers. Auch dies ist so aufzufassen, daß der körperliche Schmerz deshalb zu meiden ist, weil er den Seelenfrieden stört. Und zwar ist er, wie wir gesehen haben, sogar die einzige Quelle seelischer Störung, denn die Vernunft kann von sich aus der Ataraxie nur schaden, indem sie körperliche Leiden in der Erwartung vorwegnimmt oder in der Erinnerung zurückholt.

Mit Hilfe der Einteilung der Begierden läßt sich nun auch die zweite Quelle unerfüllbarer Bedürfnisse ausschalten. Die eigentlichen Störenfriede unter den Begierden, diejenigen, die den Menschen umtreiben und ihm immer neue Begehrlichkeiten wecken, so daß er nie zur Ruhe kommt, sind die leeren. Aber mit ihnen ist auch am leichtesten fertig zu werden. Da sie aus bloßer Einbildung der Vernunft entspringen, so genügt es, die Vernunft zur richtigen Einsicht zu bringen, um den ganzen Wahn aufzulösen. Wer sich klarmacht, daß die Sexualität zur Glückseligkeit entbehrlich ist, der wird nicht länger glauben, ohne sie nicht leben zu können, und wer begreift, daß die Lust eine unüberschreitbare Höchstgrenze hat, die leicht zu errreichen ist, und daß die Mittel, sie zu erreichen, alle vollkommen gleichwertig sind, der wird nicht mehr sein Leben damit belasten, sich bestimmte Speisen zu beschaffen oder nach der neuesten Mode zu kleiden (HL 18. 20). Die nur natürlichen Begierden lassen sich zwar nicht auf diese Weise zerstreuen, aber sie sind meist nicht schwer zu stillen, und wenn dies dennoch schwieriger sich gestaltet, vergehen sie von selbst schnell, ohne Unlust zu bereiten. Befriedigt werden müssen lediglich die notwendigen Begierden, und um das zu gewährleisten, beruft Epikur sich auf eine Einschätzung, die heute vielleicht etwas blauäugig erscheint. Gestützt auf seinen restriktiven Lustbegriff, ist er der Überzeugung, daß die Güter in der Welt so verteilt seien, daß sich jedermann jederzeit alles beschaffen könne, was zur Vermeidung von Unlust notwendig sei: „Dank der seligen Natur, daß sie das Notwendige leicht zu beschaffen gemacht hat, das schwer zu Beschaffende aber nicht notwendig!" (Us. Fr. 469) „Wer die Grenzen des Lebens erkannt hat, weiß, daß dasjenige leicht zu beschaffen ist, was das Schmerzende des Mangels beseitigt und das ganze Leben vollkommen macht;

daher verlangt er nicht noch nach Dingen, die Kämpfe mit sich bringen“ (HL 21). „Der naturgemäße Reichtum ist sowohl begrenzt als auch leicht zu beschaffen, der der leeren Meinungen dagegen artet ins Unendliche aus“ (HL 15). „Selten ist ein Mensch zu finden, der [arm] ist im Hinblick auf das von der Natur gesteckte Ziel und reich im Hinblick auf die leeren Meinungen. Denn keiner der Unvernünftigen begnügt sich mit dem, was er hat, vielmehr quält ihn das, was er nicht hat. Wie die Fiebernden wegen der Bösartigkeit der [Krankheit] ständig Durst haben und nach dem Entgegengesetztesten verlangen, so sind auch diejenigen, deren Seele in schlechtem Zustand ist, dauernd arm an allen Dingen und verfallen wegen ihrer Unersättlichkeit in vielfältige Begierden“ (Us. Fr. 471).

Bevor man dergleichen Aussprüche als naiv abtut, muß man die ganz anderen Lebensumstände der Antike und die Minimalforderungen des Epikureischen Lustbegriffs berücksichtigen. Es soll nur die Unlustfreiheit als jederzeit möglich garantiert werden, und hier ist erneut die Einschränkung aller Lust auf die körperliche zu betonen, so daß es nur um das Freisein von körperlichem Schmerz geht, da auch alle geistige Lust sich letztlich auf die körperliche bezieht. Vernachlässigt man dies, ließe sich entgegnen, daß auch der Luxuriöse Unlust empfinde, wenn ihm seine extravaganten Wünsche nicht erfüllt würden, so daß auch diese zu den – jedenfalls für ihn – notwendigen Begierden gerechnet werden müßten. Mit der Beschränkung auf die Freiheit von körperlichem Schmerz ist jedoch ein einigermaßen objektives Maß gegeben, von dem man einräumen darf, daß es leicht erreicht ist, sofern es sich um Schmerz handelt, der durch Begierden ausgelöst werden kann, zumindest unter antiken Lebensumständen. Denn Bevölkerungsexplosion und Umweltgefährdung waren in der Antike noch unbekannt, und vor allem muß man mit einer Bedürfnisstruktur rechnen, für die ein Lebensstandard als normal galt, den wir heute als menschenunwürdig betrachten würden. Trotzdem gab es gegenüber heute keine Defizite in der Lebensqualität, denn diese wird wesentlich bestimmt durch die Art der Bedürfnisse, wie sich leicht an Beispielen aus der Dritten Welt zeigen läßt, in der es durchaus glücklich zu nennende Gesellschaften gab, bis wir bei ihnen neue Bedürfnisse weckten, die wir dann doch nicht befriedigen konnten. Epikur würde den Wert fast alles dessen, was uns zu einem angenehmen Leben unverzichtbar erscheint, ins Reich der Kenodoxie, des leeren Wahns, verbannen.

c) Schmerz

Die schwierigste Aufgabe war ohne Zweifel, plausibel zu machen, daß auch der körperliche Schmerz jederzeit leicht zu überwinden sei, so daß ebensowenig hieraus unerfüllbare Bedürfnisse entspringen müßten. Während Furcht und übertriebene Begierde durch eine irregeleitete Vernunft verursacht werden und somit durch rationale Belehrung ausgeschaltet werden können, versagt diese Methode beim Schmerz. Selbst die gelungenste Argumentation befreit niemanden von seinem Rheuma. Der Schmerz ist für Epikur ja das eigentliche Übel, der ursprüngliche negative Wert, auf den alle übrige Unlust sich letztlich zurückführt, und als dieser ist er eine pure sinnliche Gegebenheit. Dennoch versucht Epikur, ihm wenigstens teilweise mit rein rationalen Mitteln beizukommen. Die Vernunft kann zwar keine ursprünglichen Werte setzen, so daß sie nicht, wie es die Stoiker ihr zugemutet haben, durch einen bloßen Machtspruch bestimmen kann, daß der Schmerz kein Übel sei. Aber sie kann relative Werte schaffen, und mit Hilfe dieses Vermögens möchte Epikur den Schmerz zumindest zum Teil doch umwerten. Das zu bewerkstelligen, ist die vornehmliche Aufgabe des hedonistischen Kalküls bei ihm.

Dieser Kalkül besteht darin, daß man die Folgen jeder Handlung in Rechnung stellt und abwägt, ob sie im ganzen mehr Lust oder Unlust bereiten wird, um dann diejenige zu wählen, die unter dem Strich den größten Lustgewinn verspricht: „Und da dies [die Lust] das erste und angeborene Gut ist, deshalb wählen wir auch nicht jede Lust, sondern es kommt vor, daß wir viele Lüste übergehen, wenn sie für uns mehr Beschwernis nach sich ziehen, und wir halten viele Schmerzen für besser als Lüste, wenn sich für uns größere Lust einstellt, nachdem wir die Schmerzen lange Zeit ertragen haben. Jede Lust nun ist, weil sie eine uns zugehörige Natur besitzt, ein Gut, nicht jede jedoch ist zu wählen, wie auch jeder Schmerz ein Übel, nicht jeder aber immer zu meiden ist. Das alles jedoch muß man durch Gegeneinanderabwägen und mit Blick auf Vor- und Nachteile entscheiden. Denn wir behandeln das Gut zu gewissen Zeiten als Übel und das Übel umgekehrt als Gut" (Men. 129f.).

Epikur unterscheidet hier klar zwischen „Gut" *(agathon)* als dem, was einen positiven Wert darstellt, und Zweck als dem, was „zu wählen" *(haireton)* ist, d.h. was Ziel des Handelns ist, sowie den jeweiligen Gegenteilen „Übel" *(kakon)* und „zu meiden" *(pheukton)*, und dabei gilt für ihn, daß Wert an sich und Zweck in ihrem positiven oder negativen Charakter nicht notwendig übereinstimmen müssen, weil es Dinge gibt, die zwar an sich gut bzw. übel sind, die wir aber trotzdem, wegen ihrer gegenteiligen Folgen, nicht erstreben bzw. meiden. Mit dieser Unterscheidung nun gelingt es Epikur, wenigstens einem Teil der Schmerzen den Charakter eines Übels zu nehmen. Natürlich nicht an sich, der Schmerz ist und bleibt das eigentliche Übel. Aber sofern er Mittel zum Guten, zur Lust sein kann, z.B. wenn jemand sich im Interesse seiner Gesundheit einer schmerzhaften ärztlichen Behandlung unterzieht oder wenn ein Faustkämpfer sich schlagen läßt, um seinen Lebensunterhalt zu verdienen, insofern kommt dem Schmerz ein *relativer* positiver Wert zu. Denn der Faustkämpfer wählt den Schmerz und somit betrachtet er ihn als Gut, wenngleich nur als mittelbares, das keines wäre, wenn es nicht ein anderes an sich Gutes bewirkte.

Freilich läßt sich auf diese Weise nur ein Teil der Schmerzen umwerten, gegen Migräne etwa kann man so nichts ausrichten. Aber Epikur hat ein weiteres Mittel zur Überwindung des Schmerzes: die Kompensation durch Lust. Man kann versuchen, den Schmerz durch gleichzeitige Lustempfindungen in anderen Bereichen aufzuwiegen oder zu übertönen, und zwar nicht nur durch gegenwärtige Lust – z.B. wenn jemand seinen Kopfschmerz bei schöner Musik zu vergessen trachtet –, sondern auch durch die Erwartung künftiger oder die Erinnerung vergangener Freuden, wie es Epikur in seinem letzten Brief an

Idomeneus von sich selbst schreibt (s. S. 20). Hier reichen nun freilich keine rein rationalen Mittel, sondern es bedarf einer Art Psychotechnik der Verdrängung oder Überlagerung von Erlebnissen durch andere. Ob Epikur dergleichen tatsächlich entwickelt hat, lassen die Quellen nicht mehr erkennen.

Wo auch das nicht hilft, etwa weil der Schmerz so stark ist, daß er sich nicht überwiegen läßt, oder weil es nichts Angenehmes zu erinnern oder zu erwarten gibt, tröstet uns Epikur mit einer empirischen Theorie: „Der Schmerz bleibt nicht lange Zeit ununterbrochen im Fleisch, sondern der äußerste dauert ganz kurze Zeit, derjenige, der das Lustvolle im Fleisch bloß überwiegt, tritt nicht viele Tage auf, und bei den Langzeitleiden dominiert das Lustbetonte im Fleisch über den Schmerz" (HL 4). Bezüglich der drei Schmerzgrade, die hier unterschieden werden, ist noch am leichtesten Epikurs erste Behauptung zu verstehen, daß ein sehr starker Schmerz stets nur sehr kurz sei. Er denkt dabei an Schmerzen, die so heftig sind, daß sie den Tod ankündigen, mit dem sie auch selbst endigen: „Denn der übermäßige Schmerz wird mit dem Tod verbunden sein" (Us. Fr. 448). Weshalb jedoch ein Zustand, in dem der Schmerz die Lust übertrifft, nur wenige Tage anhalten soll, erfahren wir nicht. Vielleicht ist auch hierbei daran gedacht, daß ein solcher Zustand nicht lange auszuhalten sei und bald zum Tode führe. Für Epikurs These über die chronischen Schmerzen schließlich, daß sie stets ein Übergewicht an Lust bei sich führten, gibt Seneca eine physiologische Begründung, die nach dem Kontext, in dem sie steht, wohl auf Epikur zurückgehen könnte. Seneca schreibt an Lucilius, daß von Gicht oder Rheuma o. ä. die Engpässe des Körpers – Gelenke und Sehnen – befallen würden und daß diese gegenüber dem Schmerz sehr rasch abstumpften, sei es weil der Lebenshauch nicht mehr frei passieren und uns die Schmerzen melden könne oder weil verdorbener Körpersaft am Abfließen gehindert werde und die Organe durch Überfüllung gefühllos mache (Seneca, Ep. 78, 8f.). Epikur faßt seine Schmerztheorie zusammen in der griffigen, oft wiederholten und variierten Formel: „Entweder die Zeit oder das Leid ist klein" (*ê chronous ê po-*

nous echei bracheis, Men. 133. Cicero übersetzt: Si gravis, brevis; si longus, levis, Fin. II 22).

Zur Beurteilung dieser Theorie sollte man wiederum die antiken Lebensumstände in Rechnung stellen. Man könnte meinen, Epikur habe nie von den monate- oder gar jahrelangen Leiden etwa krebskranker Menschen gehört. Aber vielleicht sind wir es, die wir uns eine falsche Vorstellung vom natürlichen Schmerzverlauf machen, weil wir uns so an die Betäubungsmittel gewöhnt haben, daß wir gar nicht mehr wissen, wie ein nicht behandelter Schmerz sich verhält. Jedenfalls scheint mir sicher, daß mit der Menge und Effektivität der zur Verfügung stehenden Schmerzmittel auch die Schmerzempfindlichkeit wächst. Eine andere Erklärung ist kaum denkbar, wenn man die heutige Gepflogenheit, die Einstichstelle der Betäubungsspritze vorher zu vereisen, damit der Stich nicht so weh tue – eine Methode, die ersichtlich ins Unendliche tendiert, weil auch das Vereisen unangenehm ist – wenn man also dieses Verfahren vergleicht mit den Behandlungsmethoden, die die antiken Ärzte empfehlen und vor denen es uns schon beim bloßen Lesen kalt den Rücken herunterläuft. Man wird daher Epikur vielleicht zubilligen dürfen, daß seine empirischen Thesen über den Schmerz zu seiner Zeit nicht völlig abstrus klangen.

Am besten versteht man Epikurs Bewältigung des Schmerzes wohl im Licht einer Differenzierung des Glücksbegriffs, von der Diogenes Laertius berichtet. Im Epikureismus sei zwischen zweierlei Glückseligkeit unterschieden worden, „der höchsten, wie sie die Götter besäßen, die keine Steigerung zulasse, und derjenigen, die die Zu- und Abnahme von Lüsten beinhalte" (DL X 121). Ohne eine solche Unterscheidung wäre es nicht möglich, die Epikureische Glückseligkeit als dauerfähig zu begreifen. Da sie in der Unlustfreiheit besteht, müßte man sich einen Menschen denken können, der niemals Unlust empfindet, der also z.B. niemals Hunger und niemals Schmerzen hat. Einen solchen Menschen aber gibt es nicht. Daher ist es notwendig, den Glücksbegriff abzumildern, so daß nicht erst derjenige glücklich zu nennen ist, der vollkommen unlustfrei ist, sondern bereits der, bei dem im Hinblick auf seine Gesamtbefindlichkeit die Lust die Unlust überwiegt, bei dem mehr Bedürfnisse befriedigt sind als unbefriedigt. Zu diesen Bedingungen ist eine dauerhafte Glückseligkeit vorstellbar, und man versteht, weshalb Epikur nach Cicero „bestreitet, daß es irgendeinen Zeitpunkt gebe, an dem der Weise nicht glücklich sei" (Cic. Tusc. III 49). Denn er „habe immer mehr, was er wolle, als was er nicht wolle" (Cic. Fin. V 93). Das erreicht er deswegen, weil er grundsätzlich keine Bedürfnisse ausbildet, die er nicht jederzeit stillen kann. Selbstverständlich hat er zuweilen Hunger oder Durst oder Schmerzen, aber er ist sich sicher, daß diese Mängel ohne besondere Anstrengung wieder schwinden werden, und infolgedessen können sie seinen inneren Frieden nicht stören. Vielleicht darf man so interpretieren, daß alle Unlust des Weisen auf den körperlichen Bereich eingeschränkt bleibt, aber nie bis in die Seele vordringt, so daß deren Ruhe und Ausgeglichenheit, die Ataraxie, nie bedroht wird. Da nun die Seele das eigentlich glücksempfindende Organ und die Ataraxie das ist, was die Glückseligkeit im eigentlichen Sinne ausmacht, so darf man sagen, daß der Epikureische Weise, trotz körperlicher Irritationen, sich in einem ununterbrochenen Glückszustand befindet. Epikur soll sogar so weit gegangen sein zu behaupten, daß der Weise, wenn er bei lebendigem Leibe geröstet werde, noch ausrufen werde: „Wie angenehm! Wie unberührt es mich läßt!" (Us. Fr. 600f.) Diese unerschütterliche Gelassenheit nährt sich aus der festen Überzeugung, daß die unerträgliche Qual, so oder so, binnen kurzem aufhören werde. Cicero faßt in seinem Referat die Haltung des Epikureischen Weisen folgendermaßen zusammen: „So nämlich wird der Weise von Epikur als stets glückselig eingeführt: Er hat begrenzte Begierden, er kümmert sich nicht um den Tod, über die unsterblichen Götter glaubt er ohne jede Furcht das Wahre, er zögert nicht, wenn es besser sein sollte, aus dem Leben zu scheiden. Mit diesen Dingen wohlgerüstet, lebt er stets in Lust. Es gibt nämlich keinen Zeitpunkt, an dem er nicht mehr Lüste hätte als Schmerzen. Denn er erinnert sich gern an die Vergangenheit, und er verfügt über die Gegenwart so, daß er beachtet, wie bedeutend sie ist und wie angenehm, und er ist nicht abhängig von der Zukunft, sondern erwartet sie und genießt die Gegenwart... Wenn ihm aber irgendwelche Schmerzen widerfahren, besitzen sie nie eine solche Stärke, daß der Weise nicht mehr hätte, worüber er sich freute, als worüber er sich sorgte“ (Fin. I 62).

4. Die abgeleiteten Güter

a) Tugend

Aus dem besonderen Begriff der Lust und dem Konzept, wie ihre Verfügbarkeit gewährleistet werden soll, ergeben sich nun die abgeleiteten Güter und die konkreten Lebensregeln zur Erreichung und Sicherung der Eudämonie. An die oberste Stelle setzt Epikur die Phronesis, die Einsicht: „Für dies alles ist Anfang und das größte Gut Einsicht. Darum ist Einsicht sogar noch wertvoller als Philosophie. Aus ihr entspringen alle übrigen Tugenden, indem sie lehrt, daß ein lustvolles Leben nicht möglich ist ohne ein einsichtsvolles, schönes und gerechtes, [noch auch ein einsichtsvolles, schönes und gerechtes] ohne ein lustvolles. Denn die Tugenden sind mit dem lustvollen Leben von Natur verbunden, und das lustvolle Leben ist von ihnen untrennbar“ (Men. 132). *Phronêsis* bezeichnet in der griechischen Philosophie allgemein die *praktische* Vernunft, also das Wissen um Gut und Übel, Tun und Lassen. Sie tritt in Gegensatz zur *sophia*, die das theoretische Wissen bezeichnet und die gemeint ist, wenn Epikur hier von der *philo-sophia* spricht, so daß dieses Wort in engerem Sinne zu verstehen ist, denn normalerweise umfaßt die Philosophie natürlich sowohl die praktische wie die theoretische Erkenntnis. Daß Epikur die praktische Einsicht als das größte (abgeleitete) Gut betrachtet, leuchtet unmittelbar ein, wenn man an den aufklärerischen Impetus des Epikureismus denkt, der daraus entspringt, daß die Sicherung der Glückseligkeit allein der Vernunft zu verdanken ist, weil nur sie die Menschen die wahren Güter und Übel lehrt und ihnen gleichzeitig zeigt, daß und wie sie jederzeit über diese leicht verfügen. Ebenso klar ist, warum die praktische Einsicht, die die Zwecke erkennt, über die theoretische, die die Mittel dazu erforscht, gesetzt wird, denn zwar sind beide unentbehrlich, aber die Erkenntnis der Mittel ist von der Erkenntnis der Zwecke abhängig, und wer in der letzteren fehlgeht, kann niemals die Glückseligkeit erlangen, auch wenn er in der Wahl der Mittel zu seinen Zwecken nicht irrt; dagegen bleibt die richtige Erkenntnis der Zwecke von einem Irrtum in den Mitteln unberührt.

Aus der Einsicht entspringen alle anderen Tugenden, wie sie überhaupt alle übrigen abgeleiteten Werte an die Hand gibt. Dabei ist freilich nicht ganz eindeutig, wie Epikurs Aufzählung „einsichtsvoll, schön und gerecht" zu verstehen ist. Es ist sehr unwahrscheinlich, daß damit eine Einteilung der Tugend gemeint ist. Dagegen spricht vor allem der Ausdruck „schön" *(kalos)*, der zwar häufig in sittlicher Bedeutung verwendet wird, dann aber das sittliche Verhalten schlechthin bezeichnet und nicht eine besondere, einzelne Tugend. Cicero (Fin. I 42ff.) berichtet zwar, wie die Epikureer die vier Kardinaltugenden – Weisheit, Besonnenheit, Tapferkeit und Gerechtigkeit – hedonistisch begründeten, das scheint indessen eine spätere Errungenschaft zu sein, nachdem das akademisch-stoische Einteilungsschema der Kardinaltugenden allgemeine Verbreitung gefunden hatte. Jedenfalls läßt sich Epikurs Liste ersichtlich so nicht deuten. Es ist eher zu vermuten, daß die drei Ausdrücke gar nicht als Termini technici zur Einteilung des Tugendbegriffs gemeint sind, sondern alle drei das tugendhafte Verhalten überhaupt umschreiben sollen, was im zeitgenössischen Wortgebrauch durchaus gängig ist. An welche einzelnen Tugenden Epikur im besonderen gedacht und ob er überhaupt je eine vollständige Zusammenstellung aller Tugenden unternommen hat, bleibt daher unklar, desgleichen, wie er die einzelnen Tugenden begründet hat. Das ist indessen kein so großer Verlust, insofern man sich die Begründungen leicht selbst ergänzen kann, da es nie große Mühe bereitet hat, jedes sittliche Verhalten mit rein hedonistischen Mitteln zu rechtfertigen (vgl. Cic. a.a.O; Us. Fr. 514ff.). Von Epikur selbst ist nur die Begründung der Gerechtigkeit, jetzt im engeren Sinne als Befolgung der geltenden Gesetze genommen, erhalten: „Die Ungerechtigkeit ist nicht ein Übel an sich, sondern wegen der besorgten Furcht, man werde den dafür zuständigen Strafenden nicht entgehen." Denn „niemand, der heimlich gegen den wechselseitigen Vertrag, nicht zu schädigen noch geschädigt zu werden, verstößt, kann sich darauf verlassen, daß er unentdeckt bleiben werde, auch wenn er gegenwärtig tausendmal unentdeckt bleibt. Ob er es nämlich auch bis zum Tode bleiben wird, ist unsicher" (HL 34 f.). Deshalb ist „die größte Frucht der Gerechtigkeit die Seelenruhe" (Us. Fr. 519).

Wenn Epikur das Bedingungsverhältnis von Tugend und Lust auch umkehrt und sagt, nicht nur sei ein lustvolles Leben nicht ohne Tugend, sondern auch ein tugendhaftes nicht ohne Lust möglich, so darf man das nicht so auffassen, als sei es ebensowohl möglich, daß jemand nicht die Tugend um der Lust willen, sondern die Lust um der Tugend willen erstrebe. Epikur läßt in diesem Punkt keinen Zweifel: „Ich spucke auf das Sittliche *(kalon)* und diejenigen, die es sinnleer anstarren, wenn es keine Lust verschafft" (Us. Fr. 512). Tugend ist also niemals Zweck, sondern immer nur Mittel der Lustgewinnung. Epikurs Umkehrung ist vielmehr polemisch zu verstehen: Es ist absurd zu glauben, wie es Kyniker und Stoiker tun, die Menschen könnten sich auf die harten Bedingungen eines tugendhaften Daseins einlassen, auch wenn sie sich davon keinen Lustgewinn versprächen. Unter dieser Voraussetzung würde jeder alle Tugenden sofort verabschieden, und insofern bedingt also die Lust die Tugend: nicht als Mittel, sondern als notwendig vorausgesetzter Zweck.

b) Selbstgenügsamkeit und Unauffälligkeit

Ein weiteres großes Gut ist die Selbstgenügsamkeit *(autarkeia)*. Sie ergibt sich unmittelbar aus der richtigen Einschätzung der Begierden. Da es lediglich auf die Befreiung von Unlust ankommt und somit nur diejenigen Begierden befriedigt werden müssen, die andernfalls zu Unlust führen würden, so ist alles darüber hinausgehende Begehren ohne jeden Effekt für die

Glückseligkeit. Man hat alles Glück erreicht, das überhaupt erreichbar ist, wenn man die notwendigen Bedürfnisse gestillt hat, und dies ist jederzeit leicht und mit wenigem geschehen. Das bedeutet andererseits aber nicht, daß man dem Luxus entsagen und ihn asketisch meiden muß, denn sowenig wie er nützt, sowenig schadet er auch, wenn er problemlos geboten wird. Epikur wird eine Einladung zu einem opulenten Mahl keineswegs ausschlagen, aber er wird auch nicht trauern, wenn er übergangen wird. Das Entscheidende im Umgang mit dem Aufwand ist die innere Unabhängigkeit, die aus der Einsicht in seine Glücksirrelevanz entspringt. Man nimmt, was kommt, aber man vermißt nicht, was fehlt, so daß sich ein gelöstes, unverkrampftes Verhältnis ergibt, welches das Gebotene erst wirklich genießen läßt: „Auch die Selbstgenügsamkeit halten wir für ein großes Gut, nicht damit wir in jedem Fall weniges verwenden, sondern damit wir, wenn wir nicht viel haben, uns mit dem wenigen begnügen, in der echten Überzeugung, daß diejenigen den Luxus am lustvollsten genießen, die seiner am wenigsten bedürfen" (Men. 130).

Ein besonderes Problem bildet für Epikur die Sorge um die Zukunft. Er kann sie nicht vollständig ausschalten, denn Hedonisten sind anfällig; so restriktiv sie den Lustbegriff auch fassen mögen, es bleibt ein Rest von Verwundbarkeit durch äußere Gegebenheiten, die die Annehmlichkeit des Lebens stören können. Das führt bei Epikur zu einem zwiespältigen Verhältnis zur Zukunft: „Man muß daran denken, daß das Zukünftige weder ganz in unserer Macht liegt noch ganz unserer Macht entzogen ist, damit wir weder mit Sicherheit erwarten, daß es eintrete, noch verzweifeln, daß es mit Sicherheit nicht eintrete" (Men. 127). Einerseits muß Epikur bemüht sein, die Zukunft zu vergleichgültigen, damit die Sorge darum nicht die Ataraxie gefährdet. Es kommt darauf an, sich vom Morgen möglichst unabhängig zu fühlen und ganz dem Heute zu leben, denn „wer des morgigen Tages am wenigsten bedarf, der geht dem morgigen Tag am lustvollsten entgegen" (Us. Fr. 490). Ermöglicht wird die Gelassenheit gegenüber der Zukunft durch die Überzeugung, daß die Lust jederzeit verfügbar sei, und zwar in ihrem höchsten erreichbaren Grade, so daß weder besondere, erst künftig realisierbare Genüsse noch die bloße längere Dauer etwas hinzufügen könnten. Deswegen stellt auch der Zufall, die Tyche, keinerlei Bedrohung dar. Der Epikureer sieht in ihm „keine unsichere Ursache; denn er glaubt [nicht], daß durch ihn Gutes oder Übles zum seligen Leben den Menschen gegeben werde, wohl aber, daß er den Ausgangspunkt großer Güter oder Übel bilde. Er hält es für besser, mit Verstand Pech als ohne Verstand Glück zu haben; denn es ist schöner, wenn beim Handeln das richtig Beurteilte [nicht zum Erfolg kommt, als wenn das falsch Beurteilte] durch den Zufall zum Erfolg kommt" (Men. 134 f.). Diese Sätze sind, auch wenn sie zunächst befremden mögen, durchaus konsequent und entsprechen dem Ideal des Epikureischen Weisen. Der äußere Erfolg des Handelns spielt überhaupt keine Rolle. Entscheidend ist allein die richtige innere Einstellung, vermittelt durch vernünftige Einsicht. Wer sie besitzt, dem kann äußerer Mißerfolg nichts anhaben, weil er weiß, daß er immer alles haben wird, was er zur Glückseligkeit braucht. Wem sie aber fehlt, dem nützt auch der äußere Erfolg nichts, weil die Furcht vor Verlust und die Begierde nach mehr das Glück vertreiben. Über unsere innere Einstellung aber verfügen wir selbst, und insofern können uns Zukunft und Tyche unberührt lassen, weil unser Glück in unserer Hand liegt.

Andererseits freilich ist dieses Ideal für den Epikureer doch nicht so ganz realisierbar. Die innere Gelassenheit beruht auf der Überzeugung, daß Unlustfreiheit oder wenigstens ein Übergewicht an Lust jederzeit erreichbar sei, aber diese Überzeugung stützt sich zum Teil auf empirische Prämissen, die sich a priori nicht sichern lassen, so daß Zweifel durchaus möglich sind. Dazu gehören vor allem die Annahmen, daß für die notwendigen Bedürfnisse stets vorgesorgt und daß aller Schmerz entweder kurz oder leicht sei. In diesen Punkten dürften sich manche Bedenken regen. Denn selbst wenn sich zeigen ließe, daß die Natur so beschaffen ist, daß die genannten Grundannahmen zutreffen, so bleibt doch die kardinale Bedrohung durch die Mitmenschen. Der Mensch nämlich unterliegt nicht der strengen Naturgesetzlichkeit, sondern besitzt einen freien Willen, mit dem er die Naturgesetze durchbrechen kann; er ist sehr wohl in der Lage, seinem Nächsten das Notwendige zu entziehen und ihn empfindlich und beharrlich zu quälen. So erfand der Tyrann Phalaris von Agrigent einen bronzenen Stier, in dem er seine Gegner bei lebendigem Leibe rösten und durch ihr Stöhnen das Gebrüll des Stieres nachahmen ließ. Er hatte herausgefunden, daß bei normaler Verbrennung die Opfer sehr schnell am Rauch erstickten, und er wollte erreichen, daß die heftigen Qualen *nicht* von kurzer Dauer waren, sondern sich beliebig perpetuieren ließen. Epikur soll zwar, wie erwähnt, behauptet haben, daß der Weise auch durch solches Schicksal nicht zu erschüttern sei, aber das wird man wohl seiner Neigung zu publikumswirksamen Sentenzen anlasten dürfen, in diesem Fall gewiß auch unter dem Eindruck der stoischen Konkurrenz. Jedenfalls scheint er sich darüber im klaren zu sein, daß der Hedonist nicht vollkommen unverwundbar werden kann und daß Gefahr vor allem von seiten der Mitmenschen droht.

Daher zum einen sein berühmter Ratschlag: „Lebe im Verborgenen!“ (Us. Fr. 551) Denn das sicherste Mittel, sich gegen die Attacken der Mitmenschen zu schützen, ist, ihren Umgang zu meiden, sich aus ihren Betriebsamkeiten herauszuhalten, weder Ämter noch Würden, weder Ruhm noch Ehre zu erstreben, sondern ein zurückgezogenes, unauffälliges Leben zu führen. Zwar bieten auch Macht und Einfluß einen gewissen Schutz vor den Menschen, aber am sichersten ist allemal die Zurückgezogenheit: „Wenn auch die Sicherheit vor den Menschen sich bis zu einem gewissen Grade auf Macht und Vermögen stützen läßt, so entsteht doch die ungetrübteste Sicherheit aus der Ruhe und Zurückgezogenheit vor der Menge“ (HL 14. Vgl. 6f. 39f.). Freilich gilt dies nicht dogmatisch für alle Menschen. Epikur nimmt den geborenen Ehrgeizling ausdrücklich aus und bleibt damit in Übereinstimmung mit seiner Lehre von den notwendigen Begierden, die befriedigt werden müssen. Wenn also jemand ein solches Naturell hat, daß der Ehrgeiz bei ihm zu den notwendigen Begierden gerechnet werden muß, so daß es ihm größere Unlust bereitet, ihn unbefriedigt zu sehen, als ihn zu befriedigen, so mag er in die Politik gehen und Orden und Ämter auf sich häufen (Us. Fr. 555). Die Empfehlung, im Verborgenen zu leben, ist allerdings gewiß nicht in dem Sinne wörtlich zu nehmen, als solle der tatsächliche Ausstieg aus der Gesellschaft ins Eremitendasein angeraten werden. Das wird nur wenigen möglich sein. Gemeint ist vielmehr der Rückzug in die Unauffälligkeit, das Bestreben, sich in keiner Weise exponieren zu lassen, dem freilich ein Ausstieg zugrunde liegt, aber es ist der *innere* Ausstieg aus den Wertmaßstäben der Menge. Nichtsdestoweniger bleibt man Mitglied der Gesellschaft, und deswegen ist es unumgänglich, sich noch auf andere Weise vor Übergriffen und Schaden zu bewahren, nämlich durch die Organisation im Staate und durch die Pflege von Freundschaften.

c) Staat und Freundschaft

Über Epikurs Rechts- und Staatsphilosophie besitzen wir nur wenige Sätze, die die grundsätzliche Position darlegen, so daß sich schwer abschätzen läßt, wieweit Epikur diesen Gegenstand ausgearbeitet hat. Es ist jedoch eher zu vermuten, daß er es nicht beim Grundsätzlichen belassen hat, jedenfalls deuten die Werktitel *Über die Gerechtigkeit und die anderen Tugenden* und *Über das Rechttun* darauf hin, daß er die Rechts- und Staatsphilosophie breiter ausgeführt hat. Er vertritt eine konsequente Vertragstheorie: „Das Recht der Natur ist eine Vereinbarung über das, was zuträglich ist, um einander nicht zu schädigen noch geschädigt zu werden" (HL 31). „Gerechtigkeit ist nichts an sich, sondern ein im gegenseitigen Verkehr über wie große Räume auch immer geltender Vertrag, nicht zu schädigen noch geschädigt zu werden" (HL 33). Wo ein solcher Vertrag nicht vorausgesetzt werden kann, dort gibt es kein Recht. So besteht z.B. zwischen Mensch und Tier niemals ein Rechtsverhältnis: „Gegenüber allen den Lebewesen, die keine Verträge, einander nicht zu schädigen noch geschädigt zu werden, machen konnten, gibt es kein Recht und kein Unrecht; ebenso auch gegenüber den Völkern, die die Verträge, nicht zu schädigen noch geschädigt zu werden, nicht machen konnten oder nicht wollten" (HL 32). Epikur denkt sich, nach Lukrez (V 1011 ff.) zu urteilen, den Vertragsschluß offenbar als einen historischen Akt, den unsere Ahnen irgendwann in grauer Vorzeit tatsächlich einmal vollzogen haben und dem ein Leben ohne staatliche Organisation vorausging. Erst nach einer Phase der Verweichlichung durch zivilisatorische Leistungen wie Häuserbau, Kleidung, Feuergebrauch, Eheschließung schlossen sich unsere Ahnen vertraglich zusammen, um sich voreinander zu schützen.

Mit dieser Lehre scheint Epikur sich klar auf die Seite des Rechtspositivismus, wie er in der Sophistik entwickelt wurde, zu stellen und gegen die Naturrechtslehre der Klassik zu wenden. Die Formulierung, die Gerechtigkeit sei nichts „an sich" *(kath' heauto)*, richtet sich ohne Frage gegen Platon, für den Gerechtigkeit eine der höchsten Ideen ist, die an sich und unwandelbar besteht. Das nämlich ist nach antikem Verständnis das Hauptcharakteristikum des Naturrechts, daß es unveränderlich und für alle dasselbe ist und nicht von der tatsächlichen Anerkennung der Menschen abhängt (vgl. Aristoteles, NE 1134 b 19 f.). Hiergegen wendet sich Epikur. Für ihn gibt es kein alle Vernunftwesen umspannendes und für alle in derselben Weise und zu aller Zeit verbindliches Recht, womit er zugleich in scharfen Gegensatz zum Kosmopolitismus der Stoiker tritt. Das Recht bedarf für ihn eines historischen Aktes; wo dieser nicht stattfand, da kann von Recht und Unrecht nicht geredet werden, so daß auch Völker denkbar sind, die in keinerlei Rechtsverhältnissen leben (wobei er gewiß an nichtgriechische Stämme gedacht hat, die für den hochzivilisierten Athener noch im rohen Zustand der Vorstaatlichkeit verharrten).

Da das Recht sich ändert, gibt es auch keinen Idealstaat im Platonischen Sinne: „Was von dem, das für gerecht gehalten wird, sich als zuträglich für die Bedürfnisse des gegenseitigen Umgangs erweist, das nimmt die Stelle des Rechts ein, ob es nun für alle dasselbe ergibt oder nicht. Wenn aber jemand ein Gesetz erläßt und es sich nicht als zuträglich für den gegenseitigen Umgang herausstellt, dann besitzt dies nicht mehr die Natur des Rechts. Und wenn sich das im Sinne des Rechts Zuträgliche verändert, aber doch eine Zeitlang sich in den Begriff fügt, dann war es nichtsdestoweniger jene Zeitlang Recht – für die, die sich nicht durch leere Worte selbst verwirren, sondern auf die Sachen schauen" (HL 37). „Wo, ohne daß die Umstände andere geworden wären, das für Recht Gehaltene sich bei der tatsächlichen Ausführung als nicht dem Begriff entsprechend erwies, da war dieses kein Recht. Wo aber, nachdem die Verhältnisse andere geworden waren, dasselbe geltende Recht nicht mehr zuträglich war, dort war es zu der Zeit, als es dem gegenseitigen Umgang der Bürger zuträglich war, Recht, später aber war es kein Recht mehr, als es nicht zuträglich war" (HL 38).

Diese Sätze im Verein mit den davor zitierten HL 32 und 33 belegen, daß Epikur kein Naturrechtler in dem Sinne ist, daß Recht an sich und von Natur aus besteht und unveränderlich ist. Sie zeigen aber zugleich, daß er auch kein radikaler Positivist ist, für den das Recht allein von seiner Setzung abhinge, so daß alles Recht wäre, was irgendwo als solches anerkannt ist. Eine solche inhaltliche Beliebigkeit gibt es bei ihm nicht. Vielmehr gibt es einen objektiven Maßstab zur Beurteilung dessen, was Recht ist, nämlich die Zuträglichkeit für den Umgang miteinander. Diese hängt ab von den jeweiligen geographischen, ethnischen und sonstigen empirischen Gegebenheiten und ist objektiv überprüfbar an dem inneren Frieden eines Gemeinwesens: Wo er statthat, ist das geltende Recht gut, wo nicht, nicht. Epikur übernimmt also den anderen, für uns vielleicht viel wichtigeren und auch politisch bedeutsamen Aspekt des Naturrechts: daß man in ihm ein Beurteilungskriterium bestehender Rechtsverhältnisse hat. Das gelingt ihm dadurch, daß er die Rechts*idee* für allgemeingültig hält: „Im Hinblick auf das Allgemeine *(kata [to] koinon)* ist das Recht für alle dasselbe; denn es ist ja etwas im gegenseitigen Umgang Zuträgliches. Im Hinblick auf das Besondere eines Landes und aller möglichen Bedingungen aber ergibt sich nicht für alle dasselbe Recht" (HL 36). Epikurs Position läßt sich somit wie folgt bestimmen: Die Idee, der Begriff des Rechts, als des gesellschaftlich Zuträglichen, besteht von Natur und ist unwandelbar. Das ist gemeint, wenn Epikur in HL 31 vom „Recht der Natur“ *(to tês physeôs dikaion)* spricht. Das Recht selbst dagegen ist nicht naturgegeben; damit es Wirklichkeit wird, bedarf es eines willentlichen positiven Aktes, des Vertragsschlusses. Infolgedessen besteht dort, wo dieser Akt fehlt, keinerlei Rechtsverhältnis, weder Rechte noch Pflichten, und somit auch nicht etwa die Pflicht, aus dem rechtlosen in den Rechtszustand überzutreten. Wenn der Vertrag aber geschlossen und damit der Rechtszustand eingetreten ist, dann sind seine inhaltlichen Bestimmungen, die einzelnen konkreten Gesetze, nicht ins Belieben gestellt, sondern gelten unabhängig von einem positiven gesetzgeberischen Akt. Sie ergeben sich mit Notwendigkeit aus der Rechtsidee und den jeweiligen empirischen Gegebenheiten und gelten also insofern wiederum „von Natur“. Epikur löst damit auf einfache Weise ein Problem, mit dem Aristoteles (NE 1134b 24ff.) nicht fertig wird, wie sich nämlich die Verschiedenheit der Rechtssysteme naturrechtlich erklären läßt; denn diese Verschiedenheit bildete das Hauptargument der Positivisten. Als ganze läßt sich Epikurs Theorie in das Schema Naturrechtslehre – Positivismus somit nicht einordnen, man muß mit einem „teils, teils“ antworten: Die Rechtsidee wird naturrechtlich, ihre Geltung positivistisch gedeutet.

Was mögen die Gründe für diese Mischform sein? Wie es zur allgemeingültigen Rechtsidee der gegenseitigen Schadensabwendung kommt, ist klar; sie ergibt sich aus dem Zweck der staatlichen Organisation überhaupt, sich vor den Mitmenschen zu schützen. Aber warum macht Epikur ihre Geltung von einem faktischen Vertragsschluß abhängig? Es gibt keine Anzeichen dafür, daß er in Rousseauscher Manier die staatlichen Zwangsgesetze aus der Zustimmung aller Betroffenen rechtfertigen will. Der Sinn der Vertragstheorie bei ihm wird sein, daß jeder Gedanke an göttliches Walten ausgeschlossen werden soll. Wenn nämlich ein Naturrecht unabhängig von unserem Willen zu allen Zeiten in Kraft ist, dann entsteht sogleich die Frage, wie seine Einhaltung garantiert wird, und alle bisherigen Versuche zeigten Epikur, daß eine Antwort ohne Rückgriff auf göttliche Sanktionen, in der Regel sogar in ein Leben nach dem Tode verlegt, nicht zu geben ist. Denn die Menschen können hierzu nicht herangezogen werden, da das Recht ja auch gelten soll, wenn die Menschen es nicht kennen oder nicht anerkennen. Gilt es dagegen allein aufgrund eines gegenseitigen Vertrages, dann ist die Frage der Sanktionierung vollständig gelöst durch die Mitmenschen, und die Gefahr, daß die Furcht vor den Göttern, als eine der Hauptunglücksquellen, durch die Hintertür wieder hereinschleicht, ist gebannt.

Wo die staatlichen Gesetze zur Lebenssicherung nicht ausreichen, treten die Freundschaftsverhältnisse an ihre Stelle. Die Freundschaft spielt überall in der Antike eine bedeutende Rolle, was nicht verwundert, da die privaten Beziehungen nicht nur die Stellung innerhalb der organisierten Gesellschaft fundierten, sondern auch die Hauptlast der Sozialleistungen tragen mußten. Es ist daher durchaus ernst zu nehmen, wenn Epikur lehrt: „Von allem, was Weisheit zur Glückseligkeit des ganzen Lebens bereitstellt, ist weitaus das Größte die Erwerbung der Freundschaft“ (HL 27). Bei ihm kommt sicher noch hinzu die Sorge um den Bestand der Schule und um die Reinheit der Lehre. Er war ja ein geschickter und bemühter Schulpolitiker, der Anhängergemeinden nicht nur in Griechenland, sondern auch in Kleinasien unterhielt, und um den Zusammenhalt der gesamten Schule und die unverfälschte Bewahrung der Lehre zu gewährleisten, war er auf feste und ergebene Freundschaften angewiesen, denn eine andere Möglichkeit bestand nicht. Er war deshalb sogar bestrebt, den Wert der Freundschaft in gewisser Weise zu verselbständigen: „Jede Freundschaft ist um ihrer selbst willen erstrebenswert, ihren Ursprung aber hat sie vom Nutzen“ (GV 23). Das scheint auf den ersten Blick ein Widerspruch zu sein. Wie es zu verstehen ist, erhellt aber vielleicht aus GV 34: „Wir brauchen nicht so sehr den Nutzen von seiten der Freunde als das Vertrauen in den Nutzen.“ Der Wert der Freundschaft besteht demnach nicht so sehr darin, daß wir die Hilfe unserer Freunde tatsächlich in Anspruch nehmen, sondern in der für die Ataraxie wichtigen Gewißheit, daß wir sie jederzeit in Anspruch nehmen *könnten*. Und insofern könnte man sagen, daß jede Freundschaft um ihrer selbst willen erstrebenswert sei; denn auch wenn man nicht anzugeben vermag, wozu einem ein bestimmter Freund nützen könnte, so ist er dennoch als Freund zu erhalten, weil er das Sicherheitspotential erhöht. Trotzdem aber bleibt die Freundschaft natürlich ein abgeleiteter, relativer Wert, sie ist letztlich ein Gut nur, weil sie Mittel zur Glückseligkeit ist.

Wenn man die Lebensweise, die Epikur empfiehlt, von außen betrachtet, wird man feststellen, daß sie sich in nichts von der eines Normalbürgers unterscheidet; die Verhaltensregeln könnte jeder Spießerverein rundweg als Satzung übernehmen. Das entspricht natürlich ganz der Maxime, nicht aufzufallen, sondern „im Verborgenen zu leben". Epikur stimmt hierin mit den konkurrierenden Schulen, den Stoikern und Pyrrhoneern, überein. Sie alle waren keine Revolutionäre, ja nicht einmal Reformer, sie erstrebten keine Veränderung der äußeren Verhältnisse. Die Revolution fand allein im Inneren statt, in der Interpretation der Verhältnisse, und darin freilich unterscheidet sich der Epikureer erheblich vom Normalbürger, indem er dessen Wertewelt auf einen einzigen reduziert und diesen zugleich so beschneidet, daß er ihn immer schon als erfüllt ansehen muß, so daß er allem weiteren Streben und Treiben gelassen und unbeteiligt, in unerschütterlicher innerer Ruhe gegenübersteht. Um das Herausragende dieser Haltung zur richtigen Geltung zu bringen, bedient sich Epikur des alten Motivs der Angleichung an Gott. Der *Brief an Menoikeus* endet mit dem Versprechen: „Diese und die ihnen verwandten Dinge nun übe Tag und Nacht mit dir selbst und mit deinesgleichen, und du wirst niemals, weder im Wachen noch im Schlafen, beunruhigt werden, sondern leben wie ein Gott unter Menschen; denn keinem sterblichen Wesen gleicht ein Mensch, der inmitten unsterblicher Güter lebt" (Men. 135).

II. Naturlehre

Die ethischen Ziele bestimmen alles Weitere; auch die Naturphilosophie steht vollständig in ihrem Dienst: „Wenn uns nicht die Befürchtungen hinsichtlich der Himmelserscheinungen beunruhigten oder die über den Tod, daß er uns nicht vielleicht doch etwas angehe, und ferner die Unkenntnis der Grenzen der Schmerzen und der Begierden, dann brauchten wir nicht auch noch Naturlehre" (HL 11). Epikur ordnet alle geistigen Interessen dem einen Ziel unter, die Glückseligkeit zu erwerben und zu sichern. Was diesem Zweck nicht unmittelbar oder mittelbar dient, wird verworfen. Er ist darin äußerst konsequent, bis zur Bildungsfeindlichkeit. So schreibt er an Apelles: „Ich preise dich selig, Apelles, daß du dich rein von aller Bildung zur Philosophie aufgemacht hast" (Us. Fr. 117). Und an Pythokles: „Alle Bildung, Seliger, flieh mit vollen Segeln!" (163) Die Künste lehnt er ab – die klassischen Epen nennt er „das Geseire Homers" (228) –, ebenso die Einzelwissenschaften, und auch die formale Logik hält er für „überflüssig" (51. 227ff. 242f. 257). Bezeichnend ist, daß nach dem Zeugnis Plutarchs die Möglichkeit, aus der Beschäftigung mit geistigen Dingen Lustgewinn zu ziehen, ausdrücklich zurückgewiesen wird (229[a]). Das entspricht der Lehre, daß über die Beseitigung aller Unlust hinaus keine Luststeigerung möglich ist, so daß alle Betätigungen, deren Unterlassung nicht notwendig Unlust bewirkt, sinnlos sind.

Unverzichtbar sind nach der Ethik allein die Naturphilosophie in ihren Grundzügen, soweit sie für die ethischen Belange die Voraussetzungen liefern, und die Erkenntnistheorie, soweit sie die Möglichkeit der Naturphilosophie sichert, denn die Naivität der ersten Naturphilosophen bezüglich ihrer erkenntnistheoretischen und methodischen Voraussetzungen ist längst einem äußerst kritischen Bewußtsein gewichen, das eine Klärung dieser Fragen unerläßlich macht. Epikur ist jedoch, bei seiner

Abneigung gegen alle Formalwissenschaften, darauf bedacht, daß diese Themen keine zu große Bedeutung und Eigenständigkeit erlangen, und schlägt sie deswegen zur Naturphilosophie, der er sie als „Elementarlehre", die „den Zugang zur Materie enthält", vorordnet (DL X 30). Freilich behandelt er sie in seiner Schrift *Kanôn* (Richtscheit, Norm) auch gesondert, woher sich der Name „Kanonik" eingebürgert hat.

1. Die erkenntnistheoretischen und methodischen Voraussetzungen (Kanonik)

In der Erkenntnistheorie vertritt Epikur einen konsequenten Sensualismus, der sich zum einen aus dem Materialismus der Naturphilosophie, vor allem aber aus dem ethischen Ausgangspunkt erklärt. Wir haben gesehen, daß Epikur, unter dem Einfluß des Eudoxos einer- und des Aristipp andererseits, zu der Überzeugung gelangt, daß alles Werten letztlich eine Sache der Sinnlichkeit ist, weil die Vernunft sich in einen unendlichen Regreß verlieren würde (s.S. 60ff.). Ein Wert ist ursprünglich immer eine nicht weiter ableitbare, passive, sinnliche Gegebenheit, ein *pathos*. Diese Auffassung soll die Erkenntnistheorie erläutern und untermauern, indem sie zeigt, daß *alle* ursprünglichen Inhalte, sie seien nun praktischer oder theoretischer Natur, passive Gegebenheiten sind, die uns die Sinnlichkeit liefert, während die Vernunft sie nur aufgreifen und weiterverarbeiten kann. Epikur folgt also insoweit Aristipp, nach dessen Überzeugung wir ursprünglich auf unsere eigenen Empfindungen angewiesen sind. Bei Aristipp hatte diese These aber einen durchaus skeptischen Gehalt, sie besagte, daß wir über unsere persönlichen Empfindungen nie hinausgelangen können zu einer Erkenntnis der wirklichen, äußeren Dinge (s.S. 37). Diesen Skeptizismus muß Epikur überwinden, wenn alle Naturlehre nicht von vorneherein als sinnlos erscheinen soll. Die erste Aufgabe der Erkenntnistheorie ist daher zu beweisen, daß die Dinge so beschaffen sind, wie sie sich in den Sinnesempfindungen uns darstellen, so daß die Sinneswahrnehmung als Wahrheitskriterium dienen kann und nicht nur den Skeptikern, sondern zugleich allen Rationalisten das Wasser abgegraben wird.

Um die Kriterientauglichkeit der Sinne zu belegen, liefert Epikur drei Argumente: ihre Passivität, ihre Unwiderlegbarkeit und die Existenz der Wahrnehmungen (DL X 31 f.). Die Argumente sind von unterschiedlicher Güte. Am plausibelsten ist der Verweis auf die Passivität: Wenn die Sinne absolut passiv sind, dann müssen sie als rein rezeptiv aufgefaßt werden, so daß sie die Dinge genauso wiedergeben, wie sie sind; denn weder können sie dann aus sich selbst heraus Vorstellungen hervorbringen, denen in der Wirklichkeit nichts entspricht, noch können sie, wenn sie von den Dingen affiziert werden, von sich aus etwas hinzufügen oder wegnehmen oder umstellen; durch sie erfassen wir somit die Dinge stets unverfälscht. Epikur bringt diese Unfähigkeit der Sinne zu jeder spontanen Leistung in direkten Zusammenhang damit, daß sie „vernunftlos" seien. Er verfährt also offenbar ähnlich wie Kant, indem er die Rezeptivität zum Charakteristikum der Sinnlichkeit und die Spontaneität zum Charakteristikum der Vernunft macht (DL X 31. Sext. M VIII 9).

Das zweite Argument scheint weniger einsichtig. Epikur weist darauf hin, daß es nichts gebe, was die Sinne widerlegen könne. Weder könne die eine Wahrnehmung die andere entkräften, da alle dasselbe Recht beanspruchen dürften, noch der eine Sinn den anderen, da sie nicht dieselben Qualitäten erfaßten, noch sei die Vernunft zur Kritik in der Lage, da sie ganz von den Sinnen abhänge (DL X 32. Lucr. IV 478 ff.). Nimmt man dieses Argument so, als solle es unmittelbar die Wahrhaftigkeit der Sinne beweisen, dann ist es uneinsichtig, denn daraus, daß etwas nicht widerlegt werden kann, folgt nicht, daß es wahr ist. Epikur könnte indessen mit dem Argument etwas anderes gewollt haben, nämlich die Passivität der Sinnlichkeit außer Zweifel stellen, die ja bislang eine bloße Behauptung wäre. Der Gedanke wäre dann etwa: Einen Zahnschmerz kann man auf keinerlei Weise hinwegdisputieren, und ebensowenig läßt sich eine Rotempfindung oder eine Sauerempfindung durch irgendeine andere Instanz aufheben oder nur verändern; sie ist, was sie ist und wie sie ist, ohne daß wir darauf irgendeinen Einfluß nehmen könnten – eine Gegebenheit, der gegenüber wir zu absoluter Passivität verdammt sind. Epikur möchte also vielleicht, mit einem gewissen Recht, die Willkürunabhängigkeit als Kriterium der Passivität nehmen und mit seiner Hilfe die Passivität aller Sinnesempfindungen beweisen.

Das dritte Argument für die Sinnlichkeit als Wahrheitskriterium ist schwer einzuschätzen. Bei Diogenes Laertius (X 32) heißt es, die Wahrhaftigkeit der Sinne werde nach Epikur auch dadurch verbürgt, daß die Wahrnehmungen *(epaisthêmata)* wirklich seien. Daß wir sehen und hören, sei genauso wirklich wie das Schmerzempfinden. Ausführlicher berichtet Sextus Empiricus (M VII 203 f.): Wie bei den Empfindungen Lust und Schmerz das Verursachende notwendig lustvoll oder schmerzhaft sei, so sei auch bei den Vorstellungen, die ja auch unsere Empfindungen *(pathê)* seien, das sie Verursachende in jedem Falle vorstellbar, was wiederum nur möglich sei, wenn es auch in Wahrheit so sei, wie es erscheine; z. B. erscheine das Sichtbare nicht nur sichtbar, sondern es sei auch so, wie es erscheine. Der Gedanke ist offenbar folgender: Wenn etwas in mir Lust erzeugt, dann ergibt es keinen Sinn zu zweifeln, ob es lustvoll sei, weil „lustvoll" gar nichts anderes meint, als daß etwas Lust erzeugt. Ebenso wirkliche und unleugbare Empfindungen wie Lust und Schmerz sind aber auch die übrigen Sinneseindrücke, so daß es ebenso sinnlos ist zu zweifeln, ob das sie Verursachende so sei, wie es erscheine. Gegenüber diesem Gedanken mag man nun vielleicht geneigt sein zuzugestehen, daß das Gesehene sichtbar und allgemein das Vorgestellte vorstellbar sein muß, daraus folgt indessen nicht, daß die Vorstellung in dem, *wie* sie die Dinge vorstellt, mit ihnen übereinstimmt, also wahr ist. Vielleicht hat jedoch auch dieses Argument einen anderen Zweck. Es könnte sein, daß Epikur die Wirklichkeit und Unbezweifelbarkeit der Vorstellungen *als solcher* feststellen will, um dann unter Hinweis auf ihre Passivität und Rezeptivität die sichere Erkennbarkeit der Dinge zu beweisen, etwa so: Daß mir der Baum grün *erscheint*, ist unbezweifelbar; da diese Erscheinung rein rezeptiv entsteht, muß der Baum selbst auch grün sein. Der Sinn wäre dann, auszuschließen, daß ich mich auch über meine Vorstellungen täuschen, daß ich mir bloß einbilden könnte, so und so vorzustellen. Freilich ist diese Deutung sehr weit hergeholt. – Wie immer man das Argument aber versteht, es zeigt auf jeden Fall, daß Epikur bei der Begründung des Sensualismus sich an den ursprünglichen *Wert*empfindungen orientiert, womit sich bestätigt, daß bei ihnen das Motiv für den Sensualismus zu suchen ist.

Die hier erwogenen Deutungen hätten den Vorteil, daß das eigentliche Argument, das die Wahrhaftigkeit der Sinne unmittelbar beweisen soll, ihre Passivität wäre, während die beiden anderen Argumente nur dienende Funktion hätten. Man könnte Epikur dann zugute halten, daß er die Wirksamkeit seiner Argumente richtig eingeschätzt und dasjenige als das entscheidende angesehen habe, das in der Tat als einziges eine Bedingung formuliert, unter der ein Erkenntnisvermögen als Wahrheitskriterium dienen könnte, nämlich die Passivität, wenn man diesen Begriff so faßt, daß er das absolute Unvermögen besagt, am vorgestellten Gegenstand etwas zu verändern. Durch die Willkürunabhängigkeit ist der Begriff dann freilich nicht mehr abgedeckt, sie kann eine so verstandene Passivität nicht gewährleisten. Im Grunde ergibt sich der Begriff analytisch aus dem korrespondenztheoretischen Wahrheitsbegriff, denn ob ich sage, die Dinge werden so wiedergegeben, wie sie sind, oder sie bleiben in der Wiedergabe unverändert, ist einerlei; man hätte also wie so oft nur den Wahrheitsbegriff wiederholt und nicht, was eigentlich verlangt war, ein Kriterium seiner Anwendung genannt. Die Skeptiker waren von Epikurs Argumenten denn auch nicht beeindruckt, aber er hat immerhin ihre Zweifel ernst genommen und nicht nur dekretiert, sondern versucht, sein Kriterium zu begründen. Daß das nicht gelang, darf bei der Aussichtslosigkeit des Vorhabens nicht verwundern, Epikur ordnet sich damit in die lange Reihe vergeblicher Versuche ein, die bis zu den heutigen Letztbegründern reicht.

Wer die Sinne zum Wahrheitskriterium macht, sieht sich alsbald vor das Problem gestellt, daß sie die Welt offensichtlich nicht einheitlich darstellen. Was dem einen warm ist, ist dem anderen kalt, derselbe Apfel schmeckt dem einen süß, dem anderen sauer, ein gerades Ruder erscheint, ins Wasser getaucht, geknickt, der eckige Turm aus der Ferne rund usw. Will man nicht mit Protagoras diese Widersprüche den Dingen selbst zuschreiben und damit den Satz vom Widerspruch, nach dem von zwei widerstreitenden Prädikaten nur eins dem Dinge zugesprochen werden darf, aufheben, dann entsteht die Frage: Wie verträgt sich dies mit der Wahrhaftigkeit der Sinne? Denn wenn der eine als süß empfindet, was dem anderen sauer schmeckt, dann kann eines von beiden nicht zutreffen. Epikur ist einer der wenigen, die diesen Einwand in seiner ganzen Tragweite anerkennen und sich eingestehen, daß ein Kriterium, das auch nur in einem einzigen Falle trügt, ohne jeden Wert ist, weil man dann ein weiteres Kriterium braucht, um anzugeben, in welchen Fällen das erste die Wahrheit anzeigt, und so ist dieses zweite das eigentliche Wahrheitskriterium. Um an den Sinnen festhalten zu können, sieht sich Epikur damit vor die Aufgabe gestellt zu zeigen, daß die Sinne niemals fehlgehen, auch nicht in den Fällen, in denen sie uns angeblich täuschen, was einschließt, daß er eine Erklärung für die Täuschungen findet, die sie mit der Wahrhaftigkeit der Sinne vereinbar macht.

Er versucht die Aufgabe zu lösen, indem er die Schuld an allem Irrtum allein der Spontaneität der Vernunft anlastet. Der Irrtum liegt nie in dem durch die Sinne evident Gegebenen, sondern in dem von der Vernunft „Hinzugemeinten" *(prosdoxazomenon)*. Epikur unterscheidet in diesem Zusammenhang zwei Akte der Spontaneität: „die vorstellende Hinwendung" *(phantastikê epibolê)* und „eine bestimmte Bewegung in uns selbst, die mit der vorstellenden Hinwendung verknüpft ist, aber einen Unterschied aufweist" (Her. 50ff.). Wie dies zu verstehen sei, ist umstritten, am wahrscheinlichsten scheint mir das Folgende: Mit der „Hinwendung" – Epikur gebraucht den Ausdruck häufiger, mit und ohne „vorstellend" – ist offenbar der bloße Akt der Aufmerksamkeit, indem ich mich bald hierhin, bald dorthin wende, bald dieses, bald jenes vorstelle, gemeint. Von dem anderen Akt, der mit der vorstellenden Hinwendung verknüpften Bewegung in uns, heißt es lediglich, daß durch sie, wenn sie widerlegt oder nicht bestätigt werde, das Falsche entstehe, im anderen Fall das Wahre. Das darf man vielleicht so ausdeuten, daß der eigentliche Urteilsakt gemeint ist, der etwa aufgrund der Wahrnehmung eines grünen Baumes urteilt „Der Baum ist grün", der also die Wahrnehmung in die Form bringt, in der sie überhaupt erst wahr oder falsch sein kann. Demnach wäre Epikur der Auffassung, daß zunächst durch die vorstellende Hinwendung die Inhalte geliefert werden und im Anschluß daran und darauf aufbauend in einem zweiten Akt das Urteil erfolgt, in dem behauptet wird, daß die Dinge so sind, wie sie in der Vorstellung erscheinen. Hierdurch erst werden Wahrheit oder Falschheit möglich, und es ist ein reiner Vernunftakt, denn „es kann nicht das Aug' die Natur der Dinge erkennen" (Lucr. IV 385).

Die durchgängige Wahrhaftigkeit der Sinne nun hätte man sich so zu erklären: Da sie gar nicht urteilen, sondern sich rein rezeptiv verhalten, können sie nicht trügen, und solange sich die Vernunft strikt an das von ihnen Gegebene hält und nichts „hinzumeint", entsteht kein Irrtum. Wenn z.B. ein eckiger Turm aus der Ferne rund erscheint, so handelt es sich keineswegs um ein Trugbild. Denn die Gesichtswahrnehmung kommt dadurch zustande, daß die Dinge von ihrer Oberfläche feine, aus einem dünnen Atomfilm bestehende Bilder absondern, die auf die Organe treffen. Diese Bilder verändern sich aber, wenn sie eine größere Entfernung zurücklegen müssen, weil durch die dauernde Kollision mit anderen Atomen die scharfen Kanten abgeschliffen werden. Das Bild, das schließlich auf die Augen trifft, ist also tatsächlich rund, so daß sie das unmittelbar Rezipierte unverfälscht wiedergeben. Der Irrtum entsteht erst dann, wenn die Vernunft sich nicht auf das tatsächlich Gegebene beschränkt und nur über das Erscheinungsbild eines entfernten Turmes urteilt, sondern wenn sie „hinzumeint", daß auch der ferne Turm selbst, der das Bild ursprünglich abgesondert hat, rund sei. Ähnliches gilt sogar für Träume oder Wahnvorstellungen. Auch hier existieren die Horrorgestalten, die wir in solchen Zuständen wahrnehmen, wirklich; sie entstehen dadurch, daß verschiedene Bilder während des Fluges zusammenkleben.

Sie werden jedoch nicht als solche beurteilt. Orest glaubt sich deshalb von den Erinnyen verfolgt, weil seine Vernunft den einzelnen Erinnyen*bildern*, die tatsächlich auf seine Sinne treffen, einen vollen Körper andichtet. Solange also die Vernunft sich strikt an das in wirklicher „Evidenz" *(enargeia)* durch die Sinne Gegebene hält, kann sie nie irren, denn die Sinne sind von sich aus unfähig zu täuschen (vgl. HL 22ff. Lucr. IV 379ff. Us. Fr. 247. 253).

Außer den Sinnen nennt Epikur noch zwei weitere Kriterien, nämlich die Prolepseis und die Empfindungen *(pathê)*. Mit den letzteren sind Lust und Unlust gemeint, also die praktischen Kriterien, nach denen wir, wie gezeigt, unsere Handlungsentscheidungen treffen. Aber die Prolepseis sind ein weiteres theoretisches Kriterium (DL X 31. 34). *Prolêpsis* heißt, wörtlich übersetzt, „Vorwegnahme". Sie ist „eine in uns gespeicherte Allgemeinvorstellung *(katholikê noêsis)*, d.h. Erinnerung an das häufig in äußerer Wahrnehmung Erschienene" (DL X 33), also ein Allgemeinbegriff, dessen Entstehung man sich, auf dem Grunde des Epikureischen Materialismus, wohl so vorstellen muß: Jede einzelne Sinneswahrnehmung, z.B. eines Pferdes, hinterläßt in der Seele einen Abdruck. Sehe ich erneut ein Pferd, dann überlagert der neue Abdruck den alten und so bei allen weiteren Pferdwahrnehmungen. Denkt man sich dies konsequent materialistisch, dann müssen sich durch die fortwährend wiederholten ähnlichen Eindrücke auf dieselbe Stelle diejenigen Eigenschaften, die allen Einzelabdrücken gemeinsam sind, allmählich immer stärker abzeichnen, während die Unterschiede in den Hintergrund treten, wie wenn man mit einem jedesmal geringfügig veränderten Stempel immer wieder auf dieselbe Stelle drückt. Auf diese oder ähnliche Weise scheint Epikur die Bildung der Allgemeinbegriffe, die nur das Gemeinsame, den *typos*, der unter sie fallenden Dinge festhalten, von den Unterschieden aber abstrahieren, erklärt zu haben. Ohne Prolepseis nun sind keine Vernunftleistungen möglich: „Niemand kann eine Frage stellen oder ein Problem erörtern und ebensowenig eine Meinung fassen, aber auch nicht widerlegen ohne Prolepsis" (Us. S. 187,33ff.). Wenn ich z.B. frage „Steht dort hinten ein Pferd oder ein Rind?“, so muß ich, um diese Frage stellen zu können, bereits über die Begriffe von Pferd und Rind verfügen (DL X 33). Das gleiche gilt für das entsprechende Urteil „Es ist ein Pferd“. So wird verständlich, weshalb Epikur die Begriffe „Vorwegnahmen“ nennt, worin er nach dem Zeugnis Ciceros (ND I 44) der erste ist. Sie entstehen ja durch die Sinneswahrnehmung unwillkürlich und ohne Mitwirkung der Vernunft, vielmehr machen sie alle Vernunfttätigkeit allererst möglich; denn die Vernunft kann nur erkennen, wovon sie schon Begriffe in der Seele vorfindet. Insofern „antizipieren“ also die Begriffe die mögliche Erkenntnis. Aber auch Sprache wäre ohne sie nicht möglich, da sie die Bedeutungen der Wörter sind (Us. Fr. 255).

Aus ihrer Funktion erklärt sich nun auch, warum die Prolepseis als Wahrheitskriterium dienen. Rationales Erkennen geschieht nach Epikur offenbar in der Regel so, daß wir die fraglichen Gegenstände „auf die in uns selbst erschauten Prolepseis zurückführen“ (Her. 72), d.h. der Urteilsakt der Vernunft, durch den die Vorstellungen in eine wahrheitsfähige Form gebracht werden, besteht darin, daß wir das zu Erkennende unter einen Begriff bringen, wie es z.B. in dem Urteil „Dieses Gesetz ist gerecht“ stattfindet. Das Urteil ist wahr, wenn „das für gerecht Gehaltene sich in die Prolepsis fügt“, wenn also das Gesetz die in dem Begriff „gerecht“ gedachten Bedingungen erfüllt (HL 38. Vgl. 37. Us. Fr. 244). Um die Wahrheit festzustellen, müssen wir demnach den zu erkennenden Gegenstand mit der Prolepsis, die wir in uns vorfinden und der wir ihn zuordnen, vergleichen und sehen, ob er ihr entspricht. Tut er es nicht, ist das Urteil falsch. Die Wahrheit hängt somit nicht nur davon ab, daß die Sinne nicht trügen, sondern ebenso davon, daß wir die richtigen Begriffe anwenden und nicht „falsche Mutmaßungen“ aufgreifen, wie es z.B. der Fall ist, wenn ein Erdbeben für eine Gottesstrafe gehalten wird; denn die Sorge um das Weltgeschehen verträgt sich nicht mit der Glückseligkeit der Götter, und wenn die Leute ihnen dennoch diese Sorge andichten, dann halten sie sich nicht an den richtigen Gottesbegriff (vgl. S. 79f.). D.h. sie halten sich nicht an die echte Prolepsis, die auf die beschriebene Weise unwillkürlich in ihnen entstanden ist, sondern „meinen“ etwas „hinzu“. Nur die wirklichen Prolepseis verbürgen Wahrheit, und zwar aus dem gleichen Grunde wie die Sinneswahrnehmungen, nämlich wegen ihrer rein rezeptiven Entstehung, die ja in den meisten Fällen über die Sinne läuft, aber auch ohne sie stattfinden kann, z.B. bei den Prolepseis von den Göttern, deren Bilder unmittelbar auf die Seele treffen, weil sie zu fein sind, um von den Sinnen wahrgenommen zu werden.

Wir müssen also auf die echten Prolepseis blicken, und das sind diejenigen, die die Wörter ursprünglich bezeichnen und die sich bei der Nennung eines Wortes als „erster Begriff“ unwillkürlich einstellen, bevor noch die zergliedernde und rechtfertigende Vernunft hat tätig werden können (Her. 37f. DL X 33). Epikur schlägt sich deshalb in der Sprachphilosophie auf die Seite der Naturalisten. Die Benennungen beruhen nicht auf willkürlicher „Satzung“, sondern sind zunächst, ähnlich wie bei den Tieren, natürliche Lautäußerungen, die von den bei den einzelnen Völkern verschiedenen „Empfindungen und Vorstellungen“ unmittelbar hervorgerufen und durch Konvention nur nachträglich zum eindeutigeren und kürzeren Gebrauch vereinheitlicht, gelegentlich auch durch Bezeichnungen für neu entdeckte Gegenstände ergänzt wurden (Her. 75f. Us. Fr. 334f. Lucr. V 1028ff.). Epikur braucht eine solche Sprachtheorie, weil er ein Kriterium angeben und legitimieren muß, um unter den offensichtlich unterschiedlichen Begriffen von derselben Sache die wahre Prolepsis auszuzeichnen. Wenn dies der zuerst und unwillkürlich zu einem Wort auftauchende Begriff sein soll, dann darf die Zuordnung von Prolepsis und Wort keine willkürliche Konvention sein, sondern muß ursprünglich, wie die Bildung der Prolepsis selbst, naturgesetzlich und unwillkürlich erfolgen.

Daraus ergibt sich zugleich die erste methodische Regel wissenschaftlicher Forschung, die Epikur aufstellt: Zur Sicherung einer eindeutigen und zuverlässigen Terminologie muß man sich an die Wortbedeutungen halten, die sich zuerst und unwillkürlich einstellen und nicht weiter nach Beweisen verlangen

(Her. 37f.). Denn die Vernunft kann auf diesem Felde nichts beweisen, wo es darum geht, die ursprünglichen, rezeptiv gebildeten Begriffe zu erfassen, die zum Wahrheitskriterium taugen. Die Vernunft würde in einen unendlichen Regreß immer neuer Beweisforderungen geraten, weil sie keine Inhalte ursprünglich setzen kann, so daß man am Ende mit leeren Worten operieren würde.

Epikurs zweite methodische Forderung ist die des Sensualismus, daß als Grundlage alles Forschens stets die Sinneswahrnehmung dienen muß (ebd.). Epikur steht damit vor der Aufgabe zu zeigen, wie man von der Sinneswahrnehmung aus zu Erkenntnissen gelangen kann, die diese übersteigen, indem sie von Dingen handeln, die den Sinnen „verborgen“ *(adêla)* sind. Die Atomtheorie, mit der er die Welt erklärt, führt ja die Erscheinungen auf nicht wahrnehmbare Dinge – die Atome und das Leere – zurück. Um die Aufgabe zu lösen, entwickelt Epikur zunächst eine Theorie der Theoriebildung: Alle Theorien entstehen mit Hilfe der Vernunft aus den Sinneswahrnehmungen, und zwar auf vier verschiedenen Wegen: entweder durch „unmittelbare Gegenwart“ *(periptôsis)* oder durch „Analogie“ oder durch „Ähnlichkeit“ oder durch „Zusammensetzung“ (DL X 32). Der erste ist der einfachste Fall, in dem wir nur beschreiben, was wir unmittelbar wahrnehmen. „Analogie“ ist der Analogieschluß, vor allem von den wahrnehmbaren Verhältnissen auf die nicht wahrnehmbaren im atomaren Bereich. Mit „Ähnlichkeit“ ist die Induktion gemeint, und „Zusammensetzung“ dürfte auf die Schaffung komplexerer theoretischer Gebilde bis hin zum philosophischen System zielen.

Nun ist eine bloße Theorie noch keine Erkenntnis. Epikur unterscheidet klar zwischen Genese und Geltung einer Theorie, zwischen Hypothesenbildung und Verifikation. Wie immer man eine Theorie gewonnen haben mag, man muß immer darauf achten, ob sie schon ausreichend durch die Wahrnehmung bestätigt oder noch der Bestätigung „harrend“ *(prosmenon)* ist (Her. 38. HL 24. DL X 34). Im letzteren Fall muß man sie entweder verifizieren oder falsifizieren, wofür Epikur jeweils zwei korrespondierende empirische Methoden nennt. Die Verifikation geschieht normalerweise durch „Bezeugung“ *(epimartyrêsis)*, die in der Herbeiführung der „Evidenz“ besteht, z.B. wenn ich aus der Ferne Platon zu erkennen glaube und diese Vermutung sich beim Näherkommen bestätigt. Diese Methode ist natürlich nur anwendbar, wo unmittelbare Wahrnehmungsevidenz erreichbar ist, also nicht im atomaren oder astronomischen Bereich. Hier muß man sich mit einer indirekten Methode behelfen, der „Nicht-Gegenbezeugung“ *(ouk antimartyrêsis)*. Sie weist nach, daß die Wahrnehmungsphänomene der Hypothese nicht widerstreiten, diese also mit ihnen im Einklang steht, z.B. wenn die Existenz des Leeren damit begründet wird, daß die Gegenthese dem Phänomen der Bewegung widerspricht, weil ohne Leeres keine Bewegung möglich wäre. Die Methoden der Falsifikation bilden dann die entsprechenden Umkehrungen: die „Nicht-Bezeugung“, wenn sich beim Näherkommen herausstellt, daß es nicht Platon ist, den ich sehe, und die „Gegenbezeugung“, sofern mit dem Leeren auch das Phänomen der Bewegung aufgehoben wird (Her. 51. Sext. M VII 211ff.).

Das indirekte Beweisverfahren gestattet freilich nur dann die Verifikation einer bestimmten Theorie, wenn, wie im genannten Beispiel, die Gegentheorie den Phänomenen widerstreitet. In allen anderen Fällen, in denen mehrere einander ausschließende Theorien mit den Phänomenen übereinstimmen, kommt man auf diese Weise nicht zu einer eindeutigen Erklärung der Erscheinungen. Epikur stellt in diesem Zusammenhang eine Regel auf, die den diametralen Gegensatz seines Wissenschaftsverständnisses zum neuzeitlichen klar hervortreten läßt. Zweck aller Wissenschaft ist die Sicherung des inneren Friedens; die Erkenntnis der Natur ist kein Gut an sich, sondern bezieht allen Wert allein aus dem Beitrag, den sie zur Ataraxie leistet. Diese wiederum wird nicht dadurch erlangt, daß man die Herrschaft über die Natur zu erringen sucht, um möglichst viele Bedürfnisse befriedigen zu können, sondern indem man die eigenen Bedürfnisse richtig einzuschätzen lernt und einsieht, daß zur Zufriedenheit nur wenig erforderlich und alles darüber hinausgehende Streben sinnleer ist. Folglich ist es nicht nötig, in jedem

Fall zwischen alternativen Erklärungsmöglichkeiten für Naturphänomene eine Entscheidung zu treffen. Dies müßte dann geschehen, wenn es darauf ankäme, die tatsächlichen Gesetzmäßigkeiten im einzelnen zu kennen, weil man in die Natur eingreifen und sie manipulieren möchte, wie es das neuzeitliche Ziel ist. Epikur dagegen geht es nicht um die Veränderung der Welt, sondern um die Gewinnung der richtigen inneren Einstellung zu ihr. Daher genügt es, daß die Grundstruktur der Natur, d.h. ihr atomistischer Aufbau, eindeutig feststeht, so daß hieran keinerlei Zweifel möglich ist, wobei Epikur die kühne Auffassung vertritt, daß es in diesem Punkte auch keine alternative Theorie, die mit den Erscheinungen übereinstimmte, gebe. In allen anderen Fragen aber, für die sich mehrere Lösungen anbieten, z.B. ob eine Sonnenfinsternis nun auf diese oder jene Weise zu erklären sei, kann die Antwort durchaus offenbleiben; wichtig ist nur, daß nachgewiesen wird, daß es *überhaupt* irgendeine natürliche Erklärung gibt, so daß nicht auf göttliche Einwirkung zurückgegriffen werden muß. Epikur ist die Regel so wichtig, daß er sie sogar mit dem Wissenschaftsbegriff verknüpft: Man soll nicht das Unmögliche mit Gewalt erzwingen, indem man von mehreren plausiblen Erklärungen, die gleichermaßen mit den Erscheinungen im Einklang stehen, unbedingt nur die eine gelten läßt und alle übrigen verwirft, sondern man muß sie alle aufführen und als mögliche Lösungen nebeneinander bestehen lassen. Andernfalls verläßt man den Bereich echter Wissenschaft und begibt sich auf das Gebiet des Mythos (Pyth. 86f.).

2. Die Grundprinzipien des Seienden

Wie die Art der Kanonik so erklärt sich auch die besondere Form der Epikureischen Naturphilosophie aus den Aufgaben, die ihr von der Ethik bestimmt werden. Ihren Zweck formuliert Epikur in der zitierten HL 11 (S. 110). Sie soll sicherstellen, daß die Götter nicht in das Weltgeschehen eingreifen, daß die Seele sterblich ist und daß Lust und Schmerz begrenzt sind, so daß das zur höchsten Lust Notwendige jederzeit vorhanden ist. Daraus folgen die Grundlinien des geforderten Weltbildes. Wenn keine transzendenten Mächte befürchtet werden sollen, dann muß das Naturgeschehen vollständig aus sich selbst erklärbar sein, d.h. die Ursachen aller Ereignisse müssen in der Natur selbst gesucht werden. Das schließt ein, daß jede teleologische Deutungsmöglichkeit ferngehalten wird; denn eine solche setzt stets einen Sinngeber des Ganzen voraus, und da ist die Befürchtung unwiderleglich, daß derjenige, der die Welt nach seinen Absichten entworfen hat, auch jederzeit in sie eingreifen kann, wenn sie von seinen Vorstellungen abweicht. Damit ist auch alle Anthropozentrik ausgeschlossen. Die Natur ist absolut zweck- und sinnlos und somit auch ohne jeden Bezug auf den Menschen. Wenn ferner die Seele nicht unsterblich sein soll, dann darf es in der Welt kein besonderes, immaterielles Sein geben, das vom allgemeinen Werden und Vergehen des Zusammengesetzten ausgenommen wäre, sondern die Natur muß durch und durch materialistisch dargestellt werden. Schließlich, wenn wir darauf vertrauen sollen, daß das Notwendige immer vorhanden sein wird, dann müssen wir sicher sein, daß die Natur konstant ist, daß wir die gegenwärtigen Bedingungen immer und überall antreffen werden, so daß wir vor Überraschungen geschützt sind. Das bedeutet, daß das Naturgeschehen einer strengen Gesetzmäßigkeit unterliegt, von der keine Abweichungen möglich sind und die das letzte Prinzip aller Veränderung und daher selbst unwandelbar ist. Diese Bedingungen erfüllte unter den zeitgenössischen Theorien am besten die von Leukipp und Demokrit entwickelte Atomphysik, die Epikur im wesentlichen übernommen und nur in einigen Punkten modifiziert hat, vornehmlich um sie seinen ethischen Bedürfnissen anzupassen, gelegentlich wohl auch, um sie gegen gegnerische Einwände, wie sie z.B. Aristoteles erhoben hatte, gefeit zu machen.

Epikur beginnt seine Naturlehre mit den beiden Grundsätzen, daß nichts aus nichts entsteht und nichts zu nichts vergeht. Diese Sätze werden nicht wie Axiome behandelt, sondern in

Übereinstimmung mit der Methodologie empirisch bewiesen, und die Art der Beweise zeigt, daß Epikur mit dem ersten Satz vor allem das Kausalitätsprinzip, daß jedes Ereignis eine Ursache hat, im Sinne hat; zusammen mit dem zweiten Satz ergibt sich aber zugleich das Prinzip der Erhaltung der Substanz. Daß „nichts aus dem Nichtseienden wird", begründet Epikur damit, daß sonst „alles aus allem würde, ohne daß es eines Samens bedürfte", wir aber bei allen Veränderungen eine strenge Gesetzmäßigkeit, in der für jedes neu Entstehende bestimmte Bedingungen vorher gegeben sein müssen, beobachten. Daß nichts zu nichts vergeht, folgert er daraus, daß andernfalls längst alle Dinge in der unendlichen zurückliegenden Zeit hätten untergegangen sein müssen (Her. 38f. Lucr. I 149ff.).

Aus beiden Sätzen im Verein mit dem Begriff des „Alls" als desjenigen, das *schlechthin alles* enthält, läßt sich dann die Konstanz der Welt gewinnen, so daß „das All immer so war, wie es jetzt ist, und immer so sein wird; denn es gibt nichts, in das es sich verwandeln könnte, denn außer dem All gibt es nichts, das in es eindringen und die Verwandlung schaffen könnte" (Her. 39). Und zwar ist die Welt sowohl der Quantität als der Qualität nach konstant. Die quantitative Unveränderlichkeit folgt aus dem Begriff des Alls und dem Substanzsatz: Da die Substanz stets erhalten bleibt, müßten quantitative Veränderungen so vonstatten gehen, daß entweder Substanz in etwas anderes abwandert oder aus etwas anderem eindringt. Beides ist aber beim All nicht möglich, weil es außer ihm nichts gibt. Zum Beweis der qualitativen Konstanz kommt das Kausalitätsprinzip als weitere Prämisse hinzu: Da die Substanz sich weder vermehrt noch vermindert, ist auch ihre durchschnittliche Dichte im All konstant. Daher bleibt die Art der Bewegung immer erhalten, d.h. es wird immer Bewegung durch Schwere und Stoß geben, weil die Körper sich weder im All verflüchtigen noch so verdichten können, daß jede Bewegung erstickt. Diese nun erfolgt nach den strengen Gesetzen von Ursache und Wirkung, die unveränderlich sind, weil sie selbst das Prinzip aller Veränderung darstellen. Also kann das Universum kein völlig anderes werden, seine Gleichförmigkeit ist gewährleistet.

Epikur ist sogar der Ansicht, daß es überhaupt nichts absolut Neues im All gibt, weil im Hinblick auf die unendliche verflossene Zeit und die begrenzte Variationsbreite alles schon dagewesen sein muß (Lucr. II 294 ff. Us. Fr. 266).

Damit sind bereits wesentliche Charakteristika des geforderten Weltbildes gesichert. Epikur geht dann daran zu zeigen, daß die Welt nur atomistisch aufgebaut sein kann. Das All besteht aus Körpern und Leerem. Daß es Körper gibt, wird von den Sinnen unmittelbar bezeugt. Die Existenz des Leeren, das auch „Raum" *(chôra)* oder „unberührbare Natur" genannt wird, folgt aus dem Vorhandensein der Bewegung, wobei Epikur sich bemüht, die vielfach vertretene Gegenthese, daß Bewegung auch ohne Vakuum denkbar sei, zu entkräften. Außer Körper und Leerem läßt sich kein drittes selbständig Existierendes vorstellen, weder durch Wahrnehmung noch analog der Wahrnehmung. Denn diese zeigt, daß etwas, das selbständig existiert, irgendeine Ausdehnung haben muß; ist es dann tastbar, zählt es zu den Körpern, ist es untastbar, zum Leeren. Außerdem muß es entweder wirken oder leiden oder dem Geschehen den Ort darbieten; wirken und leiden aber können nur Körper, Raum geben nur Leeres. Alles übrige sind daher keine „vollständigen Naturen", die „für sich" existieren, sondern deren Eigenschaften oder Zustände. „Eigenschaften" *(symbebêkota)* sind die wesentlichen Qualitäten, die in ihrer Gesamtheit etwas zu dem machen, was es ist, und ohne die es nicht gedacht werden kann. „Zustände" *(symptômata)* sind äußerliche Umstände wie Freiheit, Reichtum, Frieden, die wechseln können, ohne das Wesen zu berühren. Zu ihnen zählt auch die Zeit, die insofern eine Sonderstellung einnimmt, als wir über sie nicht begrifflich urteilen können, weil sie nicht sinnlich wahrnehmbar ist und wir somit keine Prolepsis von ihr besitzen. Wir können sie nur durch „unmittelbare Evidenz, dergemäß wir von langer oder kurzer Zeit sprechen", erfassen als einen nicht weiter rückführbaren „eigentümlichen Zustand", den „wir mit den Tagen und den Nächten verknüpfen und mit deren Teilen, sowie auch mit den Affekten und den Affektlosigkeiten und Bewegungen und Stillständen, indem wir an diesen wiederum eben dasjenige vorstellen, was wir Zeit nennen“ (Her. 39f. 68ff. Lucr. I 370ff. 418ff.).

„Von den Körpern nun sind die einen Zusammensetzungen, die anderen solche, aus denen die Zusammensetzungen gebildet sind“ (Her. 40f.). Diese sind unteilbar (eben „Atome“), unvergänglich und unwandelbar. Ihre einzigen Eigenschaften sind Gestalt, Schwere und Größe „und was notwendig mit der Gestalt zusammenhängt“ (Her. 54). Der Zahl nach sind sie unendlich viele. Dies folgt aus der Unendlichkeit des Alls, die sich wiederum so erklärt: Alles Endliche hat ein Äußerstes, ein Äußerstes kann aber nur mit Blick auf etwas anderes vorgestellt werden, neben dem All gibt es jedoch nichts, also ist es unendlich, und zwar sowohl nach der Zahl der Atome als nach der Größe des Leeren; denn wäre nur das Leere unendlich, würden sich die Atome in ihm verlieren, wären nur sie unendlich, hätten sie nicht genügend Platz. Sie sind nicht alle gleich, sondern unterscheiden sich in ihren Eigenschaften, in Gestalt, Schwere und Größe, voneinander. Aber nicht jede beliebige Größe kommt vor, weil es sonst sichtbare gäbe, und aus demselben Grunde gibt es auch nicht unendlich viele verschiedene Gestalten, weil dies ohne Variation in der Größe bis zur Sichtbarkeit nicht anginge. Es finden sich daher zwar „unfaßbar“ viele, aber nicht unendlich viele Gestalten. Sie sind gleichmäßig über das All verteilt. Mit dieser „Isonomie“ soll offenbar erreicht werden, daß die Welt nicht nur zeitlich, sondern auch räumlich gleichförmig sei, um zu gewährleisten, daß immer und überall gleiche Bedingungen herrschten (Her. 41ff. 55f. Cic. ND I 50).

Daß es überhaupt letzte unteilbare Elemente geben muß, begründet Epikur mit dem Substanzsatz, weil andernfalls die Dinge sich in nichts auflösen könnten (Her. 41). Allerdings behauptet er nur die physische Unteilbarkeit der Atome, die theoretische Teilbarkeit läßt er – anders als anscheinend Demokrit – zu. Der Grund dürfte zum einen darin zu suchen sein, daß sich die Verschiedenheit der Atome, die zur Erklärung der Mannigfaltigkeit der Welt unerläßlich ist, nicht denken läßt, wenn sie als absolut teillose Einheiten aufzufassen sind; denn ihre einzigen Eigenschaften sind Gestalt, Schwere und Größe, und Unterschiede in diesen Eigenschaften lassen sich nicht vorstellen zwischen Dingen, an denen keine Teile unterscheidbar sind. Zum anderen ist die theoretische Teilbarkeit der Atome Voraussetzung, um aus ihnen die Welt aufzubauen, weil absolut teillose Dinge unfähig sind zu „verschiedenen Verbindungen, Gewichten, Schlägen, Zusammenstößen, Bewegungen, wodurch alle Dinge geschehen" (Lucr. I 633f.). Z.B. ist der Zusammenprall der Atome nur so denkbar, daß sie sich eine Zeitlang berühren. Berührung aber heißt, daß *Teile* ihres Körpers unmittelbar benachbart sind.

Auch die theoretische Teilbarkeit der Atome geht jedoch nicht bis ins Unendliche, sondern nur bis zu den sogenannten „kleinsten Teilen", an denen nun selbst theoretisch keine Teile mehr unterscheidbar, die also absolut unteilbar sein sollen. Epikur sucht dies zu verdeutlichen durch Analogie mit dem „Kleinsten in der Wahrnehmung", d.h. derjenigen Größe, unterhalb derer wir uns keine kleinere mehr anschaulich machen können (Her. 58f.). Diese Lehre von den „kleinsten Teilen" ist viel diskutiert worden, da Epikur sich durch die Leugnung der unendlichen theoretischen Teilbarkeit in Gegensatz zum mathematischen Forschungsstand seiner Zeit brachte. Sein Argument ist, daß bei unendlicher Teilbarkeit jeder Körper unendlich viele Teile enthielte, von denen jeder irgendeine Größe hätte, und sei sie auch noch so klein, so daß alle Körper eigentlich unendlich groß sein müßten und zwischen dem größten und kleinsten kein Unterschied wäre (Her. 57. Lucr. I 615ff.). Für dieses Problem hatte jedoch bereits Aristoteles eine Lösung angeboten (Phys. 206a 14ff.). Nun ist natürlich durchaus möglich, daß Epikur sie nicht gekannt hat, zumal da die *Physik* des Aristoteles, so wie wir sie besitzen, wohl nicht veröffentlicht war. Es ist aber ebenso denkbar, daß Epikur sich nicht überzeugen ließ, denn es sind mindestens zwei andere, gewichtige Gründe, kleinste theoretische Teile anzunehmen, rekonstruierbar, die sicher die eigentlichen Motive bildeten, die Epikur aber nicht als Beweise angeben konnte, weil sie dann wie Ad-hoc-Argumente ausgesehen hätten.

Der eine Grund ist die Sicherung der *physischen* Unteilbarkeit der Atome. Wir haben gesehen, daß einer der Beweggründe, die Atome überhaupt theoretisch teilbar sein zu lassen, die Überlegung war, daß andernfalls die Welt nicht aus ihnen aufzubauen wäre. Dasselbe gilt aber auch umgekehrt: Wenn die Atome theoretisch *unendlich* teilbar wären, dann hinderte nichts, sie aus kleineren Teilen, die selbst ja wieder teilbar wären, physisch zusammengesetzt zu denken, so daß nicht einzusehen wäre, warum sie nicht in sie sollten zerfallen können. Wenn ihre Teile aber selbst keine Teile, die Berührung usw. denkbar machen, mehr haben, dann ist diese Möglichkeit ausgeschlossen, und die Atome sind als physisch unteilbar erwiesen (Lucr. I 628ff.).

Der andere Grund, die unendliche theoretische Teilbarkeit zu bestreiten, betrifft die Art der Bewegung der Atome. Die Ursache ihrer Bewegung ist ihre Schwere, die Richtung wird bestimmt entweder durch die Schwere oder durch den Zusammenstoß mit anderen Atomen. Die Schwere läßt sie nach unten fallen, wobei Epikur sich darüber im klaren ist, daß es im unendlichen Raum kein absolutes Oben und Unten gibt. Er definiert deshalb auch die Atombewegung nicht durch unten und oben, sondern umgekehrt diese durch jene: „Unten" heißt die Richtung, in die sich die Atome vermöge ihrer natürlichen Schwere bewegen, „oben" die entgegengesetzte. Alle übrigen Bewegungsrichtungen resultieren aus den Zusammenstößen, durch die auch die sichtbaren Körper entstehen. Diese sind mehr oder minder dichte Zusammenballungen von Atomen, die sich deshalb über lange Zeiten stabil erhalten, weil die Atome sich gegenseitig am Entweichen hindern, so daß ihre Bewegung zu einem ständigen Hin- und Herprallen wird, bis hin zum engsten Vibrieren, wobei die Schwingungsweite die Festigkeit der Körper bestimmt (Her. 43f. 60. Lucr. II 184ff.).

Die Geschwindigkeit der Atome im Leeren ist für alle dieselbe und „gedankenschnell", so daß sie „jede faßbare Strecke in unausdenkbarer Zeit" bewältigen. Epikur begründet dies damit, daß Langsamkeit und Schnelligkeit bloß die Erscheinungsform des größeren oder geringeren Widerstandes sei, den ein Körper zu überwinden habe. Widerstand nun gibt es nach ihm auf zwei Arten: Entweder entsteht er durch äußere Einwirkung anderer

Körper oder durch entgegengesetzte Bewegung eigener Atome, die sich ja in einem zusammengesetzten Körper unablässig hin- und herbewegen, so daß, sofern keine äußeren Einflüsse vorliegen, Bewegungsrichtung und -geschwindigkeit die Resultante aller einzelnen inneren Atombewegungen bilden. Wenn es sich nicht um zusammengesetzte Körper, sondern um Atome handelt, dann ist innerer Widerstand jedoch ausgeschlossen, weil ihre Teile gegeneinander unbeweglich sind, und äußerer Widerstand findet beim freien Flug durch das Leere ebenfalls nicht statt. Daraus müßte nun eigentlich folgen, daß die Atome sich instantan von einem Ort zum anderen bewegen. Das aber nennt Epikur „undenkbar". Es erscheine zwar so „in wahrnehmbarer Zeit", jedoch „den theoretisch durch Vernunft unterscheidbaren Zeiten nach" komme das Atom „nicht gleichzeitig an den verschiedenen Orten" an; „denn etwas einem Widerstand Ähnliches wird es geben" (Her. 46f. 61f.). Wie ist diese Auskunft zu verstehen? Vielleicht hilft eine Nachricht der Aristoteles-Kommentatoren Themistios und Simplikios, der zufolge Epikur, weil für ihn Raum, Zeit und Bewegung letzte unteilbare Einheiten hätten, gesagt hat, daß der Körper sich über die *Gesamtstrecke* von A nach B *bewege*, über ihre unteilbaren Einheiten aber sich nicht bewege, sondern bewegt *habe* (Us. Fr. 278). Hier nun läge der andere Grund für die Lehre von den kleinsten Teilen. Epikur hätte demnach einen Gedanken aufgegriffen, der sich bei Aristoteles findet, daß nämlich, wenn die Zeit ebenfalls aus unteilbaren Jetztpunkten bestünde, ein teilloser Körper sich zwar nicht bewegte, sich aber wenigstens jeweils im Jetzt bewegt *hätte* (Phys. 240b 31ff.). Epikur hat es sich vielleicht, trotz allen damit verbundenen Schwierigkeiten, so vorgestellt: Das Atom bewegt sich von der einen unteilbaren Einheit zur anderen instantan, aber sukzessiv von einer zur nächsten, d.h. daß es in jeder unteilbaren Streckeneinheit eine unteilbare Zeiteinheit verharrt. Daher kann man in Bezug auf die Gesamtstrecke von einem sukzessiven Bewegungsablauf sprechen, obwohl die Bewegung in deren letzten Einheiten instantan erfolgt; denn das Verharren ist „etwas einem Widerstand Ähnliches". Epikur konstruiert so de facto eine absolute Geschwindigkeit, die unüberschreitbar ist, weil instantane Bewegung nach ihm nur im Unteilbaren, in den (gleichen) kleinsten Teilen, denkbar ist. Sie ist „unausdenkbar" hoch, weil die Verzögerung lediglich aus den Verharrenszeiten besteht, die unvorstellbar kurz sind, da sie nicht einmal theoretisch teilbar sind. Deswegen erscheint die Bewegung dem Auge als instantan; denn innerhalb der Reichweite unseres Gesichtsfeldes bleiben die jeweils addierten Verharrenseinheiten stets unter der Wahrnehmungsschwelle.

Warum begibt sich Epikur in solche Schwierigkeiten mit dem Problem instantaner Bewegung? Der auslösende Schritt ist, daß er Geschwindigkeit allein durch Widerstand definiert. Diese Annahme wird zwar von anderen antiken Denkern geteilt, aber sie impliziert eben, daß vollkommen widerstandslose Bewegung instantan ist. Daß Epikur sie dennoch vertritt, hat zwei Gründe: Zum einen braucht er eine wenigstens scheinbare instantane Bewegung, um die Gleichzeitigkeit der Gesichtswahrnehmung – das Phänomen, daß wir alle Ereignisse, und seien sie auch noch so weit entfernt, gleichzeitig mit ihrem Eintreten zu erblicken scheinen – durch die Atombewegung zu erklären; denn da die Gesichtswahrnehmung dadurch zustande kommen soll, daß die Dinge von ihrer Oberfläche Atome absondern, die auf die Augen treffen, so muß die Geschwindigkeit der Atome derart hoch sein, daß sie den Wahrnehmenden instantan erscheint. Zum andern hat die Gleichsetzung von Geschwindigkeit und Widerstand eine weitere Konsequenz, an der Epikur ebenfalls sehr gelegen ist, nämlich daß im leeren Raum alle Atome gleich schnell sind, so daß weder die schweren schneller sind als die leichten noch die kleinen als die großen, und zwar in jeder beliebigen Richtung (Her. 61). Epikur ist für diese Erkenntnis viel gerühmt worden, weil sie durch eine Apriori-Überlegung ein Gesetz der neuzeitlichen Physik vorwegzunehmen scheint. Bei näherem Hinsehen ergibt sich jedoch mehr Anlaß zum Tadel als zum Lob. Denn innerhalb der Epikureischen Bewegungslehre ist die These von der gleichen Geschwindigkeit der Atome im Leeren keineswegs eine logische Konsequenz, sondern eher ein Paradoxon: Wenn die Schwere Ursache der Bewegung ist, dann müßte, wie man Epikur entgegengehalten hat, größere Schwere auch größere Geschwindigkeit bewirken (Us. Fr. 279). Warum dies nicht so sei, sondern die Geschwindigkeit allein vom Widerstand abhänge, dafür findet sich bei Epikur kein Argument, so daß die Annahme bei ihm ziemlich uneinsichtig und willkürlich erscheint. Aber ihm ist an der Geschwindigkeitsgleichheit gelegen, einmal wohl wiederum wegen der Gesichtswahrnehmung, weil wir ja die Dinge als ganze gleichzeitig erblicken und nicht zuerst die Teile mit den schwereren und dann diejenigen mit den leichteren Atomen – obwohl man dies auch anders hätte erklären können, etwa indem man die Unterschiede, wie vieles andere auch, unter die Wahrnehmungsschwelle drückte. Vor allem aber benötigt Epikur die Geschwindigkeitsgleichheit, um in seinem streng deterministischen System trotzdem die Freiheit des Willens verankern zu können.

3. Die Rettung der Willensfreiheit

Epikurs bedeutsamste Neuerung gegenüber Demokrit besteht in der berühmten „Abweichung“ (*parenklisis,* clinamen) der Atome. Beide Denker führen das Weltgeschehen auf die Atombewegungen zurück, die nach strengen Gesetzen verlaufen. Epikur jedoch lehrt, daß die Atome zuweilen die Gesetzmäßigkeit durchbrechen, indem sie zu unbestimmten Zeiten an unbestimmten Orten ohne Ursache von ihrer Bahn um ein kleinstes Teil abweichen. Diese Annahme wirkt wie ein Skandalon, weil durch sie der immer wieder mit allem Nachdruck betonte durchgängige Kausaldeterminismus aufgehoben, das aufwendig bewiesene Grundprinzip, daß nichts aus nichts entsteht, zunichte gemacht wird. Sie hat Epikur denn auch seit der Antike viel spöttische Kritik eingebracht. Warum entschließt er sich zu einem so entscheidenden Eingriff, der zu einem offenen Widerspruch führt, und zwar in den Grundfesten des Systems, so daß der ganze Bau gefährdet wird? Er selbst erwähnt die Abweichung im *Herodot-Brief* nicht, aber durch Lukrez sind wir über sie gut unterrichtet.

Dort werden zwei Begründungen gegeben: Ohne die Abweichung gäbe es diese Welt nicht; denn vermöge ihrer Schwere würden sich alle Atome in derselben Richtung mit derselben Geschwindigkeit bewegen und wie ein Regen ewig durch das Leere fallen, ohne daß es je zu einer Kollision und damit zur Bildung zusammengesetzter Körper käme. Der andere Grund ist das Faktum der Willensfreiheit, das Lukrez mit der Fähigkeit der Lebewesen, sich selbst zu bewegen, dokumentiert (II 216ff.). Bei beiden Begründungen kann es sich schwerlich um die wahren Motive handeln. Das in der ersten genannte Problem hat Epikur sich erst selbst eingehandelt durch sein Theorem, daß im leeren Raum alle Atome gleich schnell seien. Dieses Theorem bildet aber, wie erwähnt, innerhalb seiner Bewegungslehre eher ein Paradoxon. Hätte also Epikur, wie man eigentlich erwarten durfte, den schwereren Atomen auch die größere Geschwindigkeit zuerkannt, dann hätte er sie die leichteren einholen und so die Zusammenstöße verursachen lassen können. Und auch die zweite Begründung überzeugt nicht. Lukrez behandelt darin die Willensfreiheit wie ein empirisches Faktum, das eine Naturlehre zu erklären habe. Aber das ist sie natürlich nicht und wurde auch in der Antike in der Weise nicht als Selbstverständlichkeit gesehen, so daß Demokrit, hierin ganz konsequent, sie ohne Skrupel leugnen konnte.

Trotzdem dürfte ihre Möglichkeit das wahre Motiv für die Einführung der Atomabweichung gewesen sein, freilich Freiheit nicht als Faktum, sondern als Postulat. Dieses entstand durch den hellenistischen Individualismus, der das Heil des einzelnen zum höchsten Gut erhebt. Daraus ergibt sich, wie gezeigt, daß das höchste Gut in der Erreichung aller Zwecke besteht, die der einzelne sich selbst gesetzt hat (s. S. 53f.). Das aber setzt voraus, daß der einzelne sich überhaupt eigene Zwecke setzen *kann*, daß er frei entscheiden kann, was er erstreben will und was nicht. So erklärt sich, warum das Problem der Willensfreiheit im Hellenismus plötzlich so großes Gewicht gewinnt, nachdem es bis dahin nahezu unbekannt war. Denn sowohl Stoiker als auch Epikur entwerfen einerseits streng deterministische Natursysteme, andererseits aber müssen sie unter allen

Umständen die Möglichkeit der Willensfreiheit garantieren, damit ihr höchstes Gut überhaupt denkbar bleibt. Deswegen machen beide Konzessionen in der Konsistenz ihrer Natursysteme, um Determinismus und Freiheit auf irgendeine Weise zusammenzubringen.

Epikur versucht dies mit dem Theorem der Atomabweichung, die durch keine voraufgehende Ursache determiniert ist und daher als frei aufgefaßt werden kann. Dadurch wird zwar der Determinismus klar durchbrochen, aber Epikur kann das verkraften. Wir haben gesehen, daß die ethischen Absichten die Form seiner Naturlehre bestimmen und daß er den Kausaldeterminismus vor allem braucht, um die Ziellosigkeit und Konstanz des Weltgeschehens zu gewährleisten (s. S. 123). Dazu ist aber nicht unbedingt ein *ausnahmsloser* Determinismus nötig, sondern gelegentliche Unregelmäßigkeiten lassen sich in Kauf nehmen. Voraussetzung ist nur, daß sie so geringfügig bleiben, daß sie die Welt nicht ernsthaft in Unordnung bringen können. Das hofft Epikur offenbar durch den in den Quellen immer betonten Faktor zu erreichen, daß die Atome stets nur „um einen kleinsten Teil“ von ihrer Bahn abweichen, was bedeutet, daß die Unregelmäßigkeit unmerklich bleibt, so daß die Gesetzmäßigkeit der *wahrnehmbaren* Welt nicht gefährdet ist (Lucr. II 244 ff.). Freilich genügt keine einmalige Abweichung eines einzelnen Atoms, obwohl es zur Weltbildung an sich ausreichend wäre, vielmehr muß sie „wieder und wieder“ vorkommen, weil sonst die Freiheit nach dem „Schöpfungsakt“ wieder aus der Welt verbannt wäre (ebd. 243). Diese Lehre hat den weiteren Vorteil, daß in Epikurs Philosophie Raum für die Tyche, den Zufall, bleibt und er so dem stoischen Fatalismus entgeht, der in letzter Konsequenz dazu führt, daß der Mensch zu seiner eigenen Glückseligkeit gar nichts beitragen kann, sondern ihm vorherbestimmt ist, ob er glücklich wird oder nicht. Ferner stützt der Gedanke an die Unberechenbarkeit der Tyche die Einsicht, daß ein sicheres Glück nur garantiert ist, wenn man seine Ziele nicht in die äußeren Dinge, sondern in sich selbst verlegt, daß es allein auf die innere Einstellung ankommt.

Epikur möchte also Freiheit mit Determismus dadurch vereinen, daß er den letzteren mit der Atomabweichung aufweicht und die Dinge „[teils aus Notwendigkeit], teils aus Zufall, teils durch uns“ geschehen läßt (Men. 133). Nun konnte er aber nicht die Abweichung selbst wiederum allein mit Freiheit und Zufall rechtfertigen. Denn diese sind keine unbestrittenen Phänomene, sondern ihrerseits nur erschließbar, und dafür bildet die von Lukrez genannte Selbstbewegung der Lebewesen keine ausreichende Prämisse, weil eben fraglich ist, ob es sich um eine wirkliche Selbstbewegung handelt. Am Ende wäre der Zirkel herausgekommen, daß die Atomabweichung mit Freiheit und Zufall und diese mit jener bewiesen worden wären. Epikur brauchte daher für die Abweichung ein unabhängiges, physikalisches Argument, das sie als notwendigen Bestandteil der reinen, physikalischen Phänomenerklärung erwies. So fordert der Epikureer Philodemos von Gadara ausdrücklich, es genüge nicht, die Abweichung mit Freiheit und Zufall zu rechtfertigen, sondern es gelte die methodische Regel, außerdem zu zeigen, daß sie mit allen Evidenzen im Einklang stehe (De signis, col. XXXVI 11 ff.). Hier kam nun Epikur möglicherweise ein Einwand sehr gelegen, den Aristoteles gegen die ältere Atomistik erhoben hatte. Für Demokrit befinden sich die Atome von Ewigkeit her in wirbelnder Bewegung, und Aristoteles argumentiert, daß alle erzwungene Bewegung durch Stoß eine natürliche Bewegung voraussetze. Eine solche sei aber im unterschiedslosen leeren Raum nicht möglich, weil nichts einen Körper zu einer bestimmten Richtung veranlassen könnte. Folglich gäbe es überhaupt keine Bewegung (Phys. 215 a 1 ff.). Diesen Einwand konnte Epikur aufgreifen und ihn dadurch entkräften, daß er den Atomen zu ihren Demokritischen Eigenschaften der Gestalt und Größe noch die Schwere verlieh, die sie alle in dieselbe Richtung drängt, die eben dadurch als „unten“ ausgezeichnet wird. Wenn er nun noch dartun konnte, daß sich die Atome im Leeren gleich schnell bewegten, dann resultierte jener parallele Atomregen, in dem es keine Kollisionen und damit keine zusammengesetzten Körper gibt. Das aber widersprach unmittelbar der Sinneswahrnehmung, die uns solche Körper zeigt. Also mußte angenommen werden, daß die Atome zuweilen von ihrer Bahn abwichen. Auf diese Weise wird zugleich Epikurs Interesse an der Geschwindigkeitsgleichheit der Atome verständlich: Sie war nötig für seinen Versuch, im Ausgang von einem reinen Bewegungsproblem, das Aristoteles formuliert hatte, die Atomabweichung als ein zur Erklärung unbezweifelbarer Sinnesphänomene unbedingt notwendiges Theorem in seinem System zu verankern, um dann mit seiner Hilfe die Möglichkeit der Willensfreiheit zu wahren.

Wie er diese allerdings des genaueren erklärt, lassen die Quellen nicht mehr erkennen. Er erreicht mit der ursachlosen Atomabweichung zunächst ja nur die Freiheit im negativen Sinne, daß eine Handlung nicht durch eine voraufgehende Ursache determiniert ist. Aber die ganze Problematik des Freiheitsbegriffs nach seinen verschiedenen Seiten konnte er schwerlich schon überblicken. Immerhin ist aus Lukrez sicher, daß für ihn dasjenige, was die Freiheit ausübt, die Vernunft (animus) ist und daß es eine Freiheit des Wollens (voluntas) ist (II 251 ff. IV 877 ff.). Damit bestätigt sich unsere Deutung, daß es Epikur auf die Möglichkeit eigener *Zwecksetzung* ankommt. Man wird ihn also, da er ja zwischen Wert und Zweck unterscheidet, so verstehen dürfen, daß die Werte uns von der Sinnlichkeit gegeben werden, daß aber über die eigenen Zwecke, darüber, was der einzelne tatsächlich erstrebt, seine Vernunft frei entscheidet (vgl. S. 94). Daß er jede Lust als Gut und jeden Schmerz als Übel empfindet, daran kann niemand etwas ändern. Ob er aber jede Lust zu verwirklichen und jeden Schmerz zu meiden trachtet und nicht um größerer Lust willen auf einen Genuß verzichtet und einen Schmerz in Kauf nimmt oder ob er überhaupt auf Lust ausgeht und nicht statt dessen nach Tugend eifert, das bestimmt jeder selbst, und zwar aus Freiheit.

4. Der Aufbau der Welt

Auf die Mechanik der Atome führt Epikur alle Erscheinungen insgesamt zurück. Durch die ständigen Kollisionen bilden sich die zusammengesetzten Körper, die eine Zeitlang stabil bleiben, bis sie durch innere oder äußere Ursachen sich wieder auflösen. Alle Dinge, die wir wahrnehmen und die unsere Welt ausmachen, sind solche Atomzusammenballungen. Es gibt jedoch nicht nur unsere Welt, sondern unendlich viele, weil ja Atome und Leeres unendlich sind. Die verschiedenen Welten haben alle möglichen Gestalten; da aber die Artenvielfalt der Atome begrenzt ist, so ist wahrscheinlich, daß es viele gleiche Welten gibt, so daß auch unser Kosmos häufiger vertreten ist. Die Götter gehören keiner Welt an, sondern führen in den „Zwischenwelten" ein unsterbliches, vollkommen glückseliges Dasein, und die einzige Bedeutung, die sie für den Menschen haben können, ist, daß sie ihm das Ideal ungetrübten Glücks, das er erreichen kann, vorführen (Her. 45. Pyth. 88ff. Men. 135. Us. Fr. 352ff. 602. 141).

Alle übrigen zusammengesetzten Dinge sind vergänglich. Auch unsere Welt ist irgendwann entstanden und wird einmal vergehen, und sie hat nicht sogleich ihren gegenwärtigen Zustand gehabt, sondern eine Entwicklung durchgemacht, die Epikur beschreibt vom anfänglichen Chaos bis zur Entstehung der Lebewesen und ihrer Arten und der menschlichen Kultur. Bemerkenswert ist, daß er bei der Entstehung der Arten in Fortführung Empedokleischer Gedanken zu einer Theorie gelangt, die schon der Darwinschen sehr nahekommt. Dabei dürfte wiederum das ethische Interesse leitend gewesen sein. Denn mit der Theorie der natürlichen Zuchtwahl, der zufolge nur die angepaßten Arten überleben, ließ sich die für die Ethik zentrale These, daß das Notwendige stets vorhanden sei, kausal rechtfertigen und jede Vermutung, daß hier teleologisches Denken vorliege, zurückweisen (Lucr. V).

Besondere Aufmerksamkeit widmete Epikur natürlich der Seele und ihrer Vergänglichkeit, denn diese zu beweisen war eine der Hauptaufgaben der Naturphilosophie, damit gesichert war, daß der Tod uns nichts angehe. Die Seele ist körperlich und besteht aus sehr kleinen, glatten und runden Atomen, die, da sie wenig anecken, äußerst beweglich sind, wie die Geschwindigkeit der Gedanken bezeugt. Die Seele ist „am ehesten zu vergleichen mit einem Hauch, der eine Beimischung von

Warmem enthält, und zwar ist sie teils diesem, teils jenem ähnlich" (Her. 63). Bei Lukrez und in anderen Quellen erscheint neben Hauch und Warmem als dritte „Natur" noch Luft. Alle diese reichen jedoch nicht aus, um die eigentümlichen Leistungen der Seele, Wahrnehmen und Denken, hervorzubringen. Es muß eine „vierte Natur" (bzw. eine dritte) angenommen werden, die an Feinheit alles übrige weit übersteigt. Sie ist „namenlos" und dient offensichtlich dazu, mit materialistischen Mitteln den Besonderheiten des Bewußtseins Rechnung zu tragen, die mit Hilfe der gewöhnlichen Elemente, die sich in allen Dingen finden, nicht erklärbar waren. Die Seele ist dem ganzen Körper „beigestreut", aber nur mit ihrem vernunftlosen Teil (anima), der wie eine Art Nervensystem Reize aufnimmt und weiterleitet; der vernünftige Teil (animus) hat seinen Sitz in der Brust, jedoch bilden beide Teile eine Einheit. Der Tod besteht in der Auflösung der Seele in ihre Atome, die, wenn der Leib sie nicht mehr halten kann, sich in alle Winde zerstreuen. Daher können wir weder den Tod selbst noch das, was auf ihn folgt, wahrnehmen (Her. 63ff. Lucr. III. Us. Fr. 311ff.).

Wie Wahrnehmung zustande kommt, versucht Epikur ausführlich für die einzelnen Sinne zu erklären. Er braucht eine ausgearbeitete Wahrnehmungstheorie, um die Unfehlbarkeit der Sinne zu belegen und um zu zeigen, daß wirklich alle seelischen Funktionen auf Atombewegungen rückführbar sind, so daß es keiner unkörperlichen und unsterblichen Substanz bedarf. Seine Theorie, besonders die Erläuterung des Sehens durch die von den Dingen ausströmenden „Bilder" *(eidôla)*, enthält so viele Kuriositäten, daß sie sicher zu den schwächsten Teilen seiner Lehre gehört. Leider ist nicht genau überliefert, wie er die Gefühle der Lust und Unlust atomar beschrieben hat. Lust müßte der Zustand sein, in dem die Atome sich in lebenserhaltenden Bahnen bewegen, während Unlust instabile Bewegungen wären, die den Zusammenhalt bedrohen. So ließe sich auch begründen, warum sehr heftiger Schmerz nie von langer Dauer sein kann, weil nämlich der Organismus dann zerfällt. Das Verhältnis der physiologischen Vorgänge zu dem Gefühl von ihnen, das sie jeweils verursachen, könnte man sich so vorstellen, daß die Körperatome bei allen ihren Bewegungen die mit ihnen eng verbundenen Seelenatome stets mitnehmen und daß diese Bewegung der Seelenatome dann das entsprechende Gefühl selbst *ist.* Aber ob Epikur sich das alles genau so gedacht hat, darüber ist keine Klarheit mehr zu erreichen, ebensowenig wie in der Frage, mit welcherart Atombewegungen er die Funktionen des Denkens, z.B. des Schließens, erklärt hat (Her. 46ff. Lucr. IV).

Eine weitere Hauptaufgabe der Naturlehre war der Nachweis, daß sich alle Naturerscheinungen, die die Furcht vor den Göttern zu nähren pflegen, auf natürliche Weise erklären lassen. Diesem Gegenstand sind der *Brief an Pythokles* und – neben Teilen des fünften – das sechste Buch des Lukrez gewidmet. Es werden z.B. behandelt die Bewegung der Himmelskörper, die Mondphasen, Finsternisse, Gewitter, Hagel, Windhosen, Nilschwelle, Erdbeben, Krankheiten usw. Dabei macht Epikur ausgiebig Gebrauch von seiner methodischen Regel, gleichwertige Alternativerklärungen nebeneinanderzustellen, ohne eine Entscheidung zu treffen. Denn auf diesem Felde der Einzeluntersuchungen war es für die ethischen Bedürfnisse ausreichend zu wissen, daß es überhaupt eine natürliche Erklärung gab, die keinen Rückgriff auf göttliches Walten erforderte; wie die zutreffende wirklich lautete, war gleichgültig. Die Methode alternativen Erklärens war im Gegenteil eher von Vorteil. Die demonstrierte Fülle des Erklärungspotentials mußte auch im Falle eines neuen Naturphänomens, für das dem Beobachter nicht sogleich eine natürliche Erklärung einfiel, die beruhigende Überzeugung stärken, daß es eine solche geben werde. Für die Grundprinzipien der Physik dagegen galt die Hypothesenfreiheit natürlich nicht. Die Atomtheorie als ganze durfte nicht zur Disposition stehen, weshalb Epikur sich bemüht, hier durch Ausschluß jeweils des Gegenteils zu eindeutigen Beweisen zu gelangen. Das schien jedoch eine endliche Aufgabe zu sein. War sie gelöst und zugleich gezeigt, wie sich aus den Prinzipien die Einzelerklärungen ableiten ließen, dann war keine weitere Naturwissenschaft notwendig.

Denn anders als der neuzeitliche Mensch wollte der Hellenist

Epikur die Natur eben nicht beherrschbar, sondern gleichgültig machen. Nach ihm ist es für das Heil des Menschen am besten, wenn er sich nicht weiter um die Natur kümmert. Sie ist ein blindes Geschehen, das nach festen Kausalgesetzen ohne Ziel abläuft und auf den Menschen keinerlei Bezug hat. Dennoch ist durch die Evolution gesichert, daß er alles findet, was er wirklich braucht. Alles darüber hinausgehende Begehren beruht auf leerem Wahn. Dies einzusehen und daraus eine ruhige, gelassene Einstellung zur Natur zu gewinnen, ist die einzige Aufgabe, die der Mensch ihr gegenüber hat. Denn so allein schafft er die Voraussetzung seiner Glückseligkeit, die der höchste Zweck alles Daseins ist.

Wirkung und Würdigung

Eine Darstellung der Wirkungsgeschichte Epikurs ist bis heute ein Desiderat. Es gibt wohl zahlreiche Arbeiten zu bestimmten Autoren und Zeitabschnitten, namentlich zur Antike, aber eine vollständige Geschichte des Epikureismus fehlt. Da ich sie hier nicht nacharbeiten kann, beschränke ich mich darauf, die mir bekannt gewordenen einschlägigen Denker zu nennen und nicht viel mehr als ihre Namen aufzuführen, die nur als Hinweise zu verstehen sind. Dies erscheint mir objektiver, als nach den Zufälligkeiten eigener Kenntnis einige Autoren über-, andere unterzurepräsentieren. Vieles wird auch so fehlen; freilich alle Erwähnungen und Urteile über Epikur aufzulisten wäre ohnehin wenig sinnvoll, weil aufgrund seiner herausragenden Stellung in der Geistesgeschichte sein Name nahezu bei allen nachfolgenden Philosophen irgendwo fällt. Zum Ausgleich füge ich dem Literaturverzeichnis eine möglichst umfangreiche Liste neuerer Arbeiten zur Nachwirkung Epikurs an, um dem interessierten Leser das eigene Studium zu erleichtern.

Man muß die Wirkungsgeschichte unterteilen in die des mehr oder minder absichtlich mißverstandenen Epikurs und die des recht verstandenen. Die erstere ist vor allem von den Gegnern geprägt, in der Antike in erster Linie von den Stoikern, in der Folgezeit durch das Christentum. Epikurs Wirkung besteht hier darin, daß er das nötige Feindbild liefert. Dabei konzentriert sich die Polemik auf mehrere Punkte, die teils zutreffend, teils unzutreffend sind. Wenn Epikur vorgehalten wird, er glaube nicht an die göttliche Vorsehung und an die Unsterblichkeit der Seele, so ist dies zweifellos richtig, es handelt sich um zwei zentrale Anliegen der Epikureischen Philosophie. Auch der Vorwurf der Bildungsfeindlichkeit trifft ohne Frage zu. Ein Atheist dagegen, als der er immer wieder bezeichnet wird, ist Epikur nie gewesen; nur greifen seine Götter nicht in das Weltgeschehen ein, sondern führen ein vollkommen glückseliges Leben zwischen den Welten. Am folgenreichsten ist sicher das Mißverständnis des Epikureischen Hedonismus gewesen, das dessen restriktiven Charakter übersieht und Epikur zum Propheten eines hemmungslosen Genußlebens stempelt. So ergibt sich insgesamt ein Epikurbild, das ihn zu einem groben, ungebildeten Klotz macht, der an keine Götter glaubt, ein Leben nach dem Tode leugnet und wie ein Schwein sich ausschließlich am Animalischen ergötzt. Dieses Bild nimmt jedoch zuweilen, vornehmlich in jüngerer Zeit, freundlichere Züge an, je nachdem welche Haltung der Betrachter gegenüber dem sinnlichen Genuß einnimmt, so wenn Delikateßhandlungen sich mit Epikurs Namen schmücken.

Die Wirkung des recht verstandenen Epikurs besteht zunächst vor allem im Fortbestehen seiner Schule, über deren Organisation und erste Mitglieder ich schon in der Lebensbeschreibung Epikurs berichtet habe. Sie hat volle 700 Jahre, bis zum ausgehenden 4. Jahrhundert n. Chr., Bestand gehabt, und zwar mit außerordentlicher Konstanz des Lehrgehalts bis zum Ende, so daß man im Epikureismus keine Epochen oder Sekten oder Richtungen unterscheiden kann. Das lag, wie gezeigt, an der Organisation und Tradition der Lehre. Nach Epikurs Tode übernahm Hermarchos die Leitung der Schule, auf den Polystratos folgte. Von ihm besitzen wir noch Reste einer Schrift *Über die unvernünftige Verachtung der Volksmeinung*. Für die nächsten zwei Jahrhunderte ist die Überlieferung sehr spärlich, so daß wir nicht viel mehr als einige Namen kennen. Auf Polystrat folgten in der Schulleitung nacheinander Dionysios und Basileides, dessen Schüler Philonides von Laodikeia sich um das Weiterleben des Briefgutes Epikurs und seiner ersten Schüler verdient gemacht hat. Gegen Ende des zweiten vorchristlichen Jahrhunderts war Apollodoros der „Gartentyrann“ Scholarch, sein Schüler war Zenon von Sidon, beide sehr fruchtbare Schriftsteller, deren Werke jedoch verloren sind. In dieselbe Zeit gehören auch Demetrios Lakon und Phaidros. Erst von Philodemos von Gadara besitzen wir ausgedehnteres Textmaterial; von seinen zahlreichen Werken sind große Teile in Herculaneum auf Papyrus gefunden worden. Er gehörte zu dem neapolitanischen Epikureerkreis, der sich im ersten vorchristlichen Jahrhundert um Siron gebildet hatte. Auf das Wirken dieses Kreises ist es zurückzuführen, daß der Epikureismus auch in Rom, wo er 175 v. Chr. noch verboten worden war, nun große Verbreitung fand. An erster Stelle ist hier natürlich T. Lucretius Carus (ca. 98–55) zu nennen, über dessen Lehrgedicht *Über die Natur der Dinge* ich schon im Kapitel über die Überlieferung gesprochen habe, ebenso wie über die Inschrift des Diogenes von Oinoanda aus dem zweiten nachchristlichen Jahrhundert. Diogenes ist der letzte Epikureer, der für uns deutlicher faßbar ist. Mit dem Ende des vierten Jahrhunderts scheint der Epikureismus dann als schulmäßig vertretene Lehre erloschen zu sein.

Aber auch außerhalb der Schule im engeren Sinne hat Epikurs Philosophie gewirkt. So steht der junge Vergil unter starkem Einfluß des Epikureismus, den er von seinem Lehrer Siron kennenlernte, und Horaz nennt sich selbst ein „Ferkel aus der Herde Epikurs“ (Ep. I 4, 16). Auch Seneca, der sich eigentlich zum Stoizismus bekennt, spricht mit Hochachtung von Epikur und scheut sich nicht, bei ihm Anleihen zu machen. Ferner gibt es Epikureisches bei Lukian. Über die besondere Vorliebe des Diogenes Laertius für Epikur und über seine Verdienste um die Überlieferung habe ich schon berichtet (s. S. 23). Im frühen Christentum liefert Epikur in der oben charakterisierten Weise das Feindbild schlechthin. Jedoch gibt es auch Kirchenväter, die ihm positiver gegenüberstehen und aus ihm schöpfen, so Klemens von Alexandreia, Gregor von Nazianz, Basilius, Theodoret von Kyros, Arnobius. Allgemein läßt sich sagen, daß die gesamte christliche Kritik der antiken Götter letztlich auf Epikureischen Gedanken fußt, wenngleich sie gelegentlich durch nichtepikureische Autoren vermittelt sein können. Wieweit dagegen Epikur die Konzeption des Christentums als Heilslehre und die Organisationsformen der frühen Kirche beeinflußt hat, ist umstritten.

Für den Rest des Mittelalters bleibt das negative Bild Epikurs bestimmend, als eines Mannes, dessen Erfolg allein darauf beruhe, daß er sich an die niederen Instinkte des Menschen wende und sie philosophisch zu rechtfertigen suche. Sein Name wird geradezu zum Schimpfwort gegen Häretiker. Erst mit der beginnenden Neuzeit wird Epikur wieder positiv rezipiert, wenngleich oft nur verdeckt oder mit vielfachen Kautelen, zunächst in Italien, dann in Frankreich und schließlich in England. So erscheint im ersten Drittel des 15. Jahrhunderts anonym eine Schrift mit dem Titel *Defensio Epicuri contra Stoicos, Achademicos et Peripateticos*, und 1431 veröffentlicht Lorenzo Valla einen Dialog *De voluptate*, in dem ein Stoiker, ein Epikureer und ein Christ gegeneinander antreten und hinter dem Epikureer sich offensichtlich Valla selbst verbirgt, so daß man gemeint hat, die abschließende Rede des Christen, der fordert, daß auf die irdische die himmlische Lust folgen müsse, sei gar nicht ernst zu nehmen, sondern diene nur der Tarnung. Im 16. Jahrhundert versucht Bernardino Telesio den Epikureischen Hedonismus mit der stoischen Lehre von der Selbsterhaltung zu verbinden.

Die bedeutendste Erneuerung der Epikureischen Philosophie aber geschieht durch Pierre Gassendi (1592–1655), der nicht nur die Ethik, sondern vor allem auch die Naturphilosophie aufgreift und so zu den Wegbereitern der modernen Atomtheorie gerechnet werden muß. Allerdings versucht auch er, den Epikureismus dem Christentum zu adaptieren, indem er Gott zur ersten Ursache der Materie und der Bewegung macht und eine unkörperliche Seele annimmt. An ihn knüpft Walter Charleton an, der 1654 in London eine Schrift mit dem Titel *Physiologica Epicuro-Gassendo-Charletoniana* veröffentlicht. Sein 1656 erschienenes Werk *Epicurus, his Morals* hat viel zur damaligen Verbreitung eines Salonepikureismus in England beigetragen. Auch Thomas Hobbes dürfte durch seine Verbindung zu Gassendi unter Epikureischem Einfluß gestanden haben; seine Anthropologie und seine Staatsphilosophie tragen deutliche Epikureische Züge. Der junge Gottfried Wilhelm Leibniz beruft sich für seinen Hedonismus ausdrücklich auf Epikur, Valla und Gassendi. Auch Isaac Newton hat man mit seiner Auffassung vom Raum und von der Gravitation mit Epikur in Verbindung gebracht. Im 18. Jahrhundert wird Epikur besonders von Julien

Offray de Lamettrie und P. H. D. Baron v. Holbach herangezogen.

Vielfältig nachweisbar ist der Einfluß Epikurs im 19. Jahrhundert. An erster Stelle sind hier natürlich die Utilitaristen zu nennen. Allerdings darf man die Unterschiede nicht vernachlässigen, vor allem hinsichtlich der sozialen Komponente des Utilitarismus; sie fehlt vollständig in Epikurs strikt egoistischem Hedonismus, dem es ausschließlich um die eigene Lust geht und die Rücksicht auf andere nur Mittel zu diesem Zweck ist. Ferner zeigt sich die Wirkung Epikurs in den ethischen Entwürfen Arthur Schopenhauers, Gustav Theodor Fechners, Ludwig Feuerbachs und Friedrich Nietzsches. Karl Marx legt 1841 eine Dissertation vor mit dem Titel *Differenz der demokritischen und epikureischen Naturphilosophie.* In unserem Jahrhundert hat sich besonders Herbert Marcuse in seinem Aufsatz *Zur Kritik des Hedonismus* aus dem Jahre 1938 mit Epikur auseinandergesetzt. Von ihm stammt der Begriff des „negativen Hedonismus" zur Bezeichnung der Epikureischen Form, die die Lust in die Abwesenheit von Unlust setzt. Trotz seiner Kritik stimmt Marcuse in vielen Punkten mit Epikur überein. Auch Erich Fromm und Wilhelm Reich berufen sich auf ihn, und Karl Jaspers würdigt seine Philosophie als den konsequenten und in sich stimmigen großen Entwurf einer Lebensform.

Darin besteht auch gewiß ein Teil der überzeitlichen Leistung Epikurs. Um ihn als einen großen Denker zu würdigen, muß man seine historische, seine überzeitliche und seine aktuelle Bedeutung berücksichtigen. Was Epikur in der *Geschichte* bewirkt hat, wurde bei der Darstellung seiner Lehre schon wiederholt hervorgehoben. Er gehört zu den Begründern einer Epoche der Geistesgeschichte, die über Jahrhunderte gedauert hat: des Hellenismus. Ich habe an anderer Stelle (1985, S. 25ff.) gezeigt, daß die Entstehungsursachen dieser Epoche keineswegs in der politischen oder ökonomischen Situation liegen, sondern daß sie in der geistesgeschichtlichen Entwicklung selbst zu suchen sind, und Epikur hat diese Entwicklung an herausragender

Stelle vorangetrieben, indem er Keime, die in der voraufgehenden Epoche entsprossen waren, zur vollen Entfaltung gebracht hat, so daß sie für lange Zeit lebenskräftig blieben.

Das grundlegende Charakteristikum des Hellenismus ist der Individualismus, die Anschauung, die auf das weitere abendländische Denken so nachhaltig gewirkt hat. Vor allem in der Gegenwart bildet sie die alles beherrschende Grundauffassung. Allerdings darf man den hier gemeinten Individualismus nicht so verstehen, daß er in Gegensatz zum Sozialismus tritt. Individualismus ist nicht gleich Egoismus, nach dem jeder nur den eigenen Interessen Rechnung trägt. In diesem Punkt hat sich unter dem Einfluß des Christentums eine Wandlung gegenüber dem Hellenismus vollzogen, die aber nichtsdestoweniger den Individualismus unberührt ließ. Denn dieser Begriff besagt zunächst nur, daß das Heil des einzelnen zum höchsten Zweck und Maßstab wird, und eine solche Auffassung dominiert in der Gegenwart in allen Gesellschaften, die im Abendland beheimatet oder von ihm beeinflußt sind. Die Vorstellung eines florierenden Gemeinwesens, dessen Bürger darben, findet einhellige Ablehnung und darf bestenfalls ein Übergangsstadium meinen, wogegen der Gedanke an satte Bürger eines kümmernden Staates keinen Anstoß erregt, vorausgesetzt, dieser Zustand läßt sich als ungefährdet und dauerfähig denken. Die gesellschaftliche Organisation gilt eben nicht mehr als Selbstzweck, sondern lediglich als Mittel zur Erhaltung des einzelnen. Besonders nachhaltig hat sich der Individualismus auf den Glücksbegriff ausgewirkt. Die Verinnerlichung und Privatisierung, die dieser von den Hellenisten erfahren hat, hat er nie wieder abgelegt. Glückseligkeit blieb für den Abendländer ein subjektives, persönliches Gefühl, das nicht an den äußeren Gegebenheiten abgelesen werden kann, dessen Verhältnis zur äußeren, objektiven Ordnung vielmehr immer erst eigens bestimmt werden muß, so daß sogar die Frage aufkommen konnte, ob der Mensch ein *Recht* auf Glück habe. Das ist zweifellos ein Erbe des Hellenismus, an dessen Schaffung Epikur wesentlich beteiligt war.

Freilich ist dies eine Wirkung, die er mit den anderen großen hellenistischen Denkern teilt. Seine persönliche geschichtliche

Leistung liegt darin, daß er das erste voll ausgearbeitete System des Hedonismus entworfen hat, das in vielen Punkten für alle weiteren derartigen Versuche prägend gewesen ist. Was voraufging, war noch verhältnismäßig unentwickelt. Von Demokrit ist nicht einmal eindeutig, ob er überhaupt einen Hedonismus vertreten hat, und auch Eudoxos scheint die Frage mehr theoretisch und nur im Grundsätzlichen behandelt zu haben, ohne an den praktischen Konsequenzen im einzelnen wirklich interessiert gewesen zu sein. Von Aristipp dagegen gilt eher das Gegenteil: Er hat den Hedonismus vor allem wohl *gelebt* und das theoretische Fundament ebenfalls nur im Rohbau ausgeführt. Erst Epikur schafft ein vollendetes Gebäude, indem er die bisherigen Ansätze vereinigt und weiterführt und den Hedonismus in ein zu dessen Zwecken entworfenes Gesamtweltbild einbettet. Mit einigem Recht darf man sagen, daß damit zugleich der bisherige Höhepunkt des Hedonismus erreicht ist; denn ein ähnlich umfassendes, konsequentes und wohlfundiertes hedonistisches System ist, soweit ich sehe, nie wieder errichtet worden. Epikur galt seither als der Hedonist schlechthin, auf dessen grundlegende Arbeit man verweisen und sich stützen konnte, so daß die weitere Geschichte dieser Denkrichtung nahezu wie eine Geschichte der Korrekturen an Epikur anmutet. Namentlich was den Problemhorizont angeht, den eine hedonistische Theorie zu bewältigen habe, ist man kaum über den Stand Epikurs hinausgelangt. Die Tücke der Geschichte dabei ist, daß Epikur in vielen Fällen für eine Lehre steht, die er nie vertreten hat, nämlich für das, was man den „positiven" oder „ausschweifenden Hedonismus" nennen könnte.

Von der Stagnation der Entwicklung war insbesondere auch der Lustbegriff selbst betroffen. Bei der Arbeit an diesem Begriff hat sich die Geschichte als ausgesprochen faul erwiesen. Epikur ist für viele Jahrhunderte der letzte geblieben, der sich um eine eigene Analyse dieses Begriffs bemüht und zu einem originellen Ergebnis gelangt. Nach ihm ist von Lust zwar weiterhin viel die Rede, aber der Begriff wird in der Regel so behandelt, als bezeichne er eine allen zugängliche und bekannte Gegebenheit, so daß jeder wissen könne, was gemeint sei. Erst die Psychologisten des vorigen Jahrhunderts haben sich dem Begriff wieder eingehender zugewandt, aber auch dort erinnert vieles durchaus noch an antike Denkkategorien.

Epikurs *überzeitliche* Bedeutung liegt zum einen in der Konsequenz seines Denkens: Er hat gezeigt, daß vom Individualismus ein folgerichtiger Weg in den Hedonismus führt. Dabei erkennt er, daß „Lust" im Grunde ein metaethischer Begriff ist, der nur die argumentative Funktion angibt, ohne daß er ein bestimmtes Phänomen, etwa ein besonderes Gefühl o.ä., bezeichnete. Wenn man darauf blickt, wie der Begriff gebraucht wird, so wird man eingestehen, daß er so weit gespannt ist und so heterogene Dinge unter sich begreift, daß er in der Tat nicht mehr bedeutet als den irrationalen Schlußpunkt überhaupt in der Ableitung von Werten.

Die Konsequenz des Denkens beweist sich ferner in Epikurs striktem Egoismus. Der Egoismus hat den Vorteil, daß er auf individualistischer Grundlage rational am besten verständlich zu machen ist. Gewiß folgt aus dem Individualismus nicht mit Notwendigkeit, daß der einzelne nur das eigene Heil befördern müsse. Aber es gibt bis heute kein überzeugendes Argument für einen Altruismus, das nicht doch an irgendeiner Stelle egoistische Interessen implizierte. Jedenfalls als Theorie zur Erklärung des *tatsächlichen* Verhaltens der Menschen ist der Egoismus klar überlegen, denn es läßt sich kein einziges eindeutiges Beispiel für eine wirklich selbstlose Tat geben. Das wird von den kritischeren Morallehrern auch offen bekannt. So räumt z.B. Kant ein, daß man nicht einmal bei seinem eigenen Tun sicher sein kann, ob es nicht letztlich auf Eigennutz beruhe, und im selben Sinne äußern sich Schopenhauer, Nicolai Hartmann und andere. Schopenhauer geht sogar so weit, daß er in seiner metaphysischen Erklärung des Mitleids auf ein egoistisches Verhalten des Willens zurückgreift. Jedoch auch als *normatives* Prinzip ist der Altruismus schwer plausibel zu machen, wenn man sich nicht auf ein göttliches Gebot berufen will, womit man den Individualismus in sensu stricto aber schon wieder verlassen hätte. Insbesondere der Hedonismus läßt eigentlich nur eine egoistische Deutung zu. Wenn das höchste Gut, dasjenige, das um seiner selbst willen erstrebenswert ist, eine sinnliche Gegebenheit ist, dann kann man es nur an sich selbst erfahren. D.h. absoluter Selbstzweck kann für mich nur meine eigene Lust sein, der Wert der Lust eines anderen ist mir allenfalls mittelbar zugänglich. Ich muß ihn also aus meiner eigenen Lust ableiten, und das bedeutet, daß ich die Lust des anderen in irgendeiner Weise als Mittel zu meinem eigenen Lustgewinn betrachten muß. Epikur hat das klar gesehen; seine Lehre macht deutlich, daß der Hedonismus und letztlich wohl auch der Individualismus den Egoismus nach sich ziehen.

Aber nicht nur darin, daß er die Implikationen des Individualismus aufzeigt, hat er überzeitliche Bedeutung, sondern mindestens ebensosehr darin, daß er eine Lebensform entwirft, die in sich konsistent und lebbar und an keine besondere geschichtliche Situation des Menschen gebunden ist. Grundlage ist die Überzeugung, daß Lust gleich Freisein von Unlust sei, daß also das Glück nicht in der Vermehrung der Güter, sondern in der Vermeidung der Übel bestehe. Dem läßt sich durchaus ein plausibler Sinn geben. Wenn Einigkeit darüber herrscht, daß die Glückseligkeit durch die Erfüllung aller Wünsche erreicht wird, dann ensteht die Frage, wie man den Zustand des Glücklichen beschreiben soll. Man kann nicht sagen, daß er nur erfüllte Wünsche habe, weil Wünsche, sobald sie verwirklicht sind, aufhören zu existieren. Infolgedessen muß man den Glückszustand negativ umschreiben: daß es in ihm keine offenen Wünsche gebe. Also besteht in der Sprache Epikurs das Glück, die Lust, im Freisein von Unlust. Die sich daraus ergebende oberste Maxime, daß es für eine vollkommene Glückseligkeit ausreiche, jede Unlust zu meiden, mag manchem zu arm erscheinen, weil sie ein Leben bedinge, das keinerlei Höhen und Tiefen aufweise, sondern in ödem Gleichmaß dahinfließe. Das wäre jedoch ein Mißverständnis. Die Epikureische Lebensform verlangt kein entsagendes Dasein auf immer gleichem, niedrigem Niveau. Niemand braucht sein *äußeres* Verhalten zu ändern, entscheidend ist allein, die richtige *innere* Einstellung zu gewinnen. Wer hat, der möge genießen, aber wer nicht hat, soll nicht traurig sein. Beide haben dieselbe Glückschance, die in der Unabhängigkeit von allem, was verlierbar ist, liegt. Sie müssen beide verhindern, daß das Leben im Wohlstand zu einem wirklichen Bedürfnis wird, damit, wenn die Umstände karg sind, sie nichts entbehren und, wenn die Gelegenheit zum Luxus sich bietet, sie sich den Genuß nicht durch die Sorge um einen künftigen Verlust verderben. Dazu ist lediglich die Einsicht nötig, daß das Wohlleben kein echter Wert ist, weil die Lust durch es nicht vermehrt werden kann; sie hat ihre absolute Höchstgrenze in der Unlustfreiheit, und auf welche Art diese erreicht wird, ist ohne Belang. Epikurs Versuch, diese Überzeugung zu stützen durch die Behauptung, daß durch exquisite Freuden die Lust nicht gesteigert, sondern nur variiert werde, ist sicher nicht sehr gelungen. Nichtsdestoweniger läßt sich seine These, daß Wohlleben keinen Wert darstelle, vielleicht auf andere Weise mit seiner Begrifflichkeit verteidigen, indem man auf seine Einteilung der Begierden zurückgreift, der zufolge alle Bedürfnisse, die über die elementaren, zur bloßen Selbst- und Arterhaltung nötigen hinausgehen, künstlich erzeugt sind. Wenn die Vermutung zutrifft, daß z.B. der Umstand, daß uns Fisch und Wein besser schmecken als Brot und Wasser, auf Anerziehung und einem längeren Lernprozeß beruht (wie es im Sprichwort heißt, daß der erste, der eine Auster aß, ein Held gewesen sein müsse), dann ist auch das Bedürfnis nach solchen Genüssen nicht naturgegeben, sondern ein Zivilisationserzeugnis. Folglich muß es sich wieder rückbilden lassen. Das muß nun freilich nicht geschehen, solange man es mühelos stillen kann, aber das Bewußtsein der Möglichkeit befreit uns von der Furcht vor kargen Zeiten und läßt diese, falls sie eintreten, ohne Glückseinbuße ertragen. Es entsteht so ein Leben, das allen Freuden unbeschwert zugetan ist, ohne ihnen zu dienen, das sie nimmt, wie sie kommen, und nichts entbehrt, wo sie fehlen.

Die besondere *Aktualität* der Lehre Epikurs sehe ich vor allem unter folgenden Aspekten:

Erstens. Sie bietet nicht nur eine scheinbare, sondern eine echte Alternative zur neuzeitlichen Einstellung. Seit man die Nachteile und Gefahren der sorglosen Ausbeutung der Natur erkannt hat, sinnt man bei uns auf Abhilfe. Aber die Wege, die man einschlägt, stellen keine echte Abkehr dar. Es geht weiterhin darum, die Natur „in den Griff" zu bekommen, nur so, daß die bislang mißachteten Gefahren vermieden werden. Der Herrschaftswille ist ungebrochen, die Natur ist der Besitz des Menschen, aber man hat erkannt, daß man ihn pfleglicher behandeln muß, um das Haus auch fürder angenehm bewohnbar zu erhalten. Diese Einstellung ist überall vorherrschend, selbst wenn es um den Artenschutz geht. Der Brachvogel, der so schön flötet, wird geschützt, damit die Natur für unser Ergötzen nicht ärmer wird, aber es ist meines Wissens bisher niemand auf den Gedanken gekommen, den Pockenerreger unter Naturschutz zu stellen. Allein es steht zu befürchten, daß der Mensch mit der vollkommenen Naturbeherrschung überfordert ist, daß die Mittel, mit denen er die Schäden am einen Ort zu kitten sucht, am anderen Ort neue Schäden hervorrufen, wie wenn jemand einen brechenden Deich mit Material zu stopfen versucht, das er ihm an anderer Stelle entnimmt, bis schließlich das ganze Bauwerk zusammenstürzt.

Um das zu verhüten, könnte es ratsam sein, daß wir unsere Grundeinstellung überprüfen, wobei die hellenistischen Denker vielleicht behilflich sein könnten, weil sie eine wirklich alternative Einstellung anbieten, die die Sorgen, die uns heute bedrükken, nicht aufkommen lassen kann. Gerade Epikur scheint sich hierfür zu empfehlen. Das stoische System weist zu viele Schwächen auf, so daß es schon in der Antike in Richtung auf Epikur korrigiert werden mußte, und die pyrrhonische Skepsis hätte wenig Aussicht, breitere Berücksichtigung zu finden; denn keine festen Überzeugungen zu pflegen und keine wahren Werte anzuerkennen verstößt offenbar zu sehr gegen die gemeinmenschlichen Vorstellungen, so daß die Skeptiker zu keiner Zeit den Zulauf hatten, den die Dogmatiker verzeichnen konnten. Dagegen darf Epikurs Hedonismus eher auf Interesse hoffen, denn was heute unter „Lebensqualität" verstanden wird, ist im wesentlichen ein *angenehmes* Leben, das möglichst alle Bedürfnisse befriedigt.

Die Alternative nun, die Epikur liefert, besteht darin, daß wir nicht die Natur unseren Bedürfnissen, sondern diese jener anmessen, in der Erkenntnis, daß, wenn es das Idealziel ist, daß keine Bedürfnisse offen bleiben, dies der kürzeste und sicherste Weg ist. Und nicht nur das, es ist, wie die Entwicklung zeigt, offenbar auch der einzig mögliche Weg. Denn auch der neuzeitliche Gang über die Naturbeherrschung führt uns jetzt zu einer deutlichen Bedürfnisökonomie, und zwar nicht nur wegen der ökologischen Verhältnisse, sondern ebenso, weil die Machbarkeit der Dinge oft mit einem Wertverlust erkauft werden muß. Es hat zwar heute in Westeuropa „jeder sein Huhn im Topf", aber dieses Huhn schmeckt nicht mehr, so daß wir also unsere Qualitätsansprüche reduzieren müssen. Auch aus einem anderen Grund erscheint unser heutiges Vorgehen als ein Holzweg, nämlich weil das Vermögen, mehr Bedürfnisse zu befriedigen, offensichtlich nicht zu größerem Glück führt. Wenn Epikur lehrt, daß Macht und Reichtum glücksirrelevant seien, so ist das sicher nicht aus der Luft gegriffen. Die Erfahrung lehrt, daß steigender Wohlstand und steigende Zivilisation die unbefriedigten Bedürfnisse nicht vermindert, sondern nur verändert. Der Reiche hat zwar keinen Hunger, aber dafür Angst um sein Geld. Es ist zu vermuten, daß die Glücksbedrohung auf jeder Entwicklungsstufe gleich ist, weil jede neue Bedürfnisse schafft. Ob sich der Jäger und Sammler aufregt, weil das mühsam erklommene Bienennest keinen Honig enthielt, oder der moderne Neureiche, weil Ferrari so lange Lieferfristen hat, macht für das Seelenheil keinen Unterschied; dieses hängt davon ab, wie sehr sich der jeweilige ärgert. Der einzige Weg, das Glück oder die „Lebensqualität" zu erhöhen, scheint also eine geeignete Bedürfnisökonomie.

Freilich ist das nicht für jedermann leicht einzusehen. Es dürfte schwer sein, dem Mittellosen verständlich zu machen, daß er nichts entbehrt. Ihm fehlt die Erfahrung, daß er, wenn er im Geld schwömme, unter dem Strich auch nicht glücklicher wäre. Unzufriedenheit entsteht vor allem dann, wenn es soziale Gegensätze gibt, wenn die Armen die Möglichkeiten der Reichen vor Augen haben und *meinen*, daß es denen besser gehe. Unter pragmatischem Gesichtspunkt wäre es daher wohl nicht ratsam, mit Epikur allein auf die vernünftige Einsicht zu bauen.

Aber vielleicht könnten seine Erkenntnisse denen eine Stütze sein, die dafür plädieren, daß man wenigstens aufhöre, durch den technischen Fortschritt immer neue Bedürfnisse zu erzeugen; daß man das Erreichte zwar nicht zurückbilde, aber auch nicht weitertreibe, sondern gleichsam „einfriere" und statt dessen versuche, die ganze Menschheit auf den gegenwärtigen Stand zu bringen, um die Gegensätze abzubauen; daß man also sein Bemühen nicht nach vorne, sondern in die Breite richte. Nach Epikur wäre das ohne jedes Opfer möglich, denn Bedürfnisse, die wir noch gar nicht kennen, weil wir sie nicht erst erschaffen, bereiten uns keinen Kummer. Der Neandertaler wird schwerlich je den winterlichen Urlaubsflug auf die Malediven vermißt haben.

Zweitens. Epikur macht einen ganz anderen, direkten Gebrauch von der Wissenschaft. Uns dient die Wissenschaft nur mittelbar zum Glück, indem sie uns zur Naturbeherrschung befähigt, die wiederum unsere Bedürfnisbefriedigung sichert. Epikur vermeidet diesen Umweg. Er nimmt die Wissenschaft als unmittelbares Werkzeug zur Glückseligkeit: Sie soll zum einen den richtigen Weg zum Glück lehren und zum anderen den Menschen von seinen Ängsten befreien. Alles, was darüber hinausliegt, ist sinnlos, so insbesondere alle Detailforschung, sofern sie nicht ihre unmittelbare Glücksrelevanz nachweisen kann. Man braucht die Naturgesetzmäßigkeit nicht im einzelnen zu durchschauen, weil man ja nicht in sie eingreifen will. Es geht auch nicht so sehr um Wahrheitserkenntnis in dem Sinne, daß die Theorien unbedingt mit den Tatsachen übereinstimmen müssen. Hauptziel ist es, einen *Glauben* zu erzeugen, nämlich das Vertrauen in eine stabile, nach strengen Eigengesetzen verlaufende Natur, um die man sich nicht weiter zu kümmern braucht. Selbst wenn etwas schiefgeht, weil eine Theorie falsch war, so schadet es nicht viel; denn wie soll ein Mißerfolg einen Menschen, der frei von Ehrgeiz ist und weder Schmerz noch Tod fürchtet, erschüttern? Diese Leistung kann die Wissenschaft mit geringstem Aufwand erbringen; den größten Teil bilden apriorische Überlegungen, während die empirische Basis relativ klein gehalten werden kann, so daß der ganze gewaltige und teure Experimentierapparat entfällt.

Drittens. Epikur wendet sich an den einzelnen. Er beschwört nicht die Solidargemeinschaft der Menschen und ruft nicht zu großen Gemeinschaftsleistungen, zur Anstrengung aller für das gemeinsame Wohl auf, sondern zeigt, wie der einzelne ganz für sich allein, ohne dazu die Hilfe irgendeines anderen zu bedürfen, sein Glück machen kann. Ein solcher Glaube an die eigene „Autarkie" könnte in einer Zeit, die die Abwertung der Staatsgrenzen und das Zusammenwachsen der Völker erstrebt, sehr hilfreich sein. Denn er erzeugt ein Gefühl der Unabhängigkeit und Selbstsicherheit, das das Bedürfnis nach Identifikation mit einer Gruppe oder Nation herabsetzt. Die Frage nach den äußeren Lebensumständen wird zur Nebensache, die frei von Emotionen allein nach Maßgabe der Vernunft gelöst werden kann.

Viertens. Epikur verspricht das Glück hier und jetzt. Er entwirft keine Utopien, und er vertröstet uns nicht auf ein Leben im Jenseits, sondern er lehrt, uns auf den gegenwärtigen Augenblick zu konzentrieren und nicht das Haus für künftige Generationen zu errichten, von denen doch niemand weiß, ob sie darin wohnen wollen. Die Glückseligkeit ist für jedermann jederzeit unter allen Gegebenheiten realisierbar, weil es nicht mehr bedarf als der richtigen inneren Einstellung durch vernünftige Einsicht. Diese Lehre ist eine sichere Waffe gegen alle utopischen Visionen, vor allem natürlich für diejenigen, die noch in utopiegeschädigten Gesellschaftssystemen leben.

Fünftens. Epikur erinnert uns daran, was Philosophie sein kann und wohl auch sollte, nämlich eine Wissenschaft, deren Ziel der konkrete Entwurf einer Lebensform ist. Eine solche Erinnerung tut heute besonders not, wo die Philosophie sich zum Teil in wissenschaftstheoretischen Spekulationen, zum Teil in der Erörterung sprachlicher Phänomene, zum Teil in der Betrachtung ihrer eigenen Geschichte verliert. Selbst die Ethik, von der man anderes erwarten sollte, kommt kaum über die Diskussion ihrer Methoden hinaus. In den Vorworten liest man immer wieder, im folgenden Buch solle nur die Frage behandelt werden, wie man eventuell zu einer Normenbegründung kommen *könnte*, der Autor möge aber um Himmels willen nicht dahin mißverstanden werden, als erkühne er sich, selbst irgendeine bestimmte Norm aufzustellen. Epikur dagegen betreibt eine echte Ethik; er bemüht sich, mit wissenschaftlicher Methode ganz konkrete Verhaltensregeln, nach denen der Mensch leben kann, zu finden. Und das geschieht nicht nur in abgehobener, abstrakter Sprache, vielmehr veranschaulicht Epikur seine Lehre, indem er in der Figur des „Weisen" das Idealbild eines Menschen zeichnet, das in den verschiedenen Lebenssituationen handelnd vor Augen geführt wird. Auf solche Weise gelingt es, eine Philosophie auch Leuten nahe zu bringen, die weniger gebildet und im Umgang mit wissenschaftlichem Denken ungeübt sind. In besonderem Maße gilt das, wenn der Schöpfer sein Ideal selbst verkörpert. Denn nichts ist für die Durchsetzung so wirksam, als wenn jemand seine Lehre mit Erfolg vorlebt. Epikur hat dies versucht; er hat sich nicht gescheut, sich als Weisen verehren und so an seinem Idealbild messen zu lassen, indem er sich bemühte, es selbst in die Tat umzusetzen. Nach allem, was wir hören, ist ihm das wohl auch gelungen.

Anhang

1. Bibliographie

Ausgaben, Kommentare, Übersetzungen

Epikur

Epicurea, ed. H. Usener, Leipzig 1887 (Ed. ster. Stuttgart 1966). *Dazu:* H. Usener, Glossarium Epicureum, edendum cur. M. Gigante et W. Schmid, Rom 1977.

Epicurus. The extant remains, with short crit. app., transl. and notes by C. Bailey, Oxford 1926 (Repr. Hildesheim 1970).

Epicuro, Opere, a cura di G. Arrighetti, Turin ²1973.

Epicuri epistolae tres et ratae sententiae a Laertio Diogene servatae, in usum scholarum ed. P. von der Mühll, acc. Gnomologium Epicureum Vaticanum, Leipzig 1922 (Stuttgart 1966).

Épicure, Lettres et maximes, texte établi et trad., introd. et notes de M. Conche, Paris 1987.

Epicuri ethica et epistulae, ed. alt. anast. cur. C. Diano, Florenz 1974.

Bollack, J., La pensée du plaisir. Epicure: textes moraux, commentaires, Paris 1975.

Ethica Epicurea. Pap. Herc. 1251, ed. W. Schmid, Leipzig 1939.

Epicurus, On Nature, Book XXVIII, [text, translation and commentary by] D. Sedley, Cronache ercolanesi 3, 1973, 5–83.

Bollack, J./Bollack, M./Wismann, H., La lettre d'Epicure [à Hérodote. Texte grec et trad., comm.], Paris 1971.

Bollack, J./Laks, A., Epicure à Pythoclès. Sur la cosmologie et les phénomènes météorologiques, Lille 1978.

Die Nachsokratiker. Deutsch in Auswahl mit Einleit. v. W. Nestle. 1. Bd. [Die Epikureer], Jena 1923 (Neudr. Aalen 1968).

Hossenfelder, M., Antike Glückslehren. Kynismus und Kyrenaismus. Stoa, Epikureismus und Skepsis. Quellen in deutscher Übersetzung mit Einführungen, Stuttgart 1996.

Epikur, Von der Überwindung der Furcht. Katechismus, Lehrbriefe, Spruchsammlung, Fragmente, eingel. u. übertr. v. O. Gigon, Zürich 1949, ³1983 (Nachdr. München 1991).

Epikur, Wege zum Glück. Griechisch-deutsch. Hrsg. und neu übers. von Rainer Nickel, Zürich/Düsseldorf 2003.

Epikureer
La scuola di Epicuro. Collezione di testi ercolanesi diretta da M. Gigante, Neapel 1978 ff.
Krohn, K., Der Epikureer Hermarchos, Diss. Berlin 1921.
Metrodori Epicurei fragmenta, coll. A. Koerte, Jahrbb. f. class. Philol., Suppl. 17, 1890, 529–597.
Crönert, W., Kolotes und Menedemos. Texte und Untersuchungen zur Philosophen- und Literaturgeschichte, Amsterdam ^{2}1965.
Polystrati *peri tês alogou kataphronêseôs*, ed. K. Wilke, Leipzig 1905.
Crönert, W., Der Epikureer Philonides, Sitzungsberichte d. Preuss. Akad. d. Wiss. 41, 1900, 942–959.
L'Epicureo Demetrio Lacone, ed. V. de Falco, Neapel 1923.
Philodems Schriften sind nur in Einzelausgaben zugänglich, vgl. unten *Zu den Ausgaben der Papyri.*
T. Lucreti Cari de rerum natura libri sex, ed. by H. A. J. Munro, vol. I: Text, vol. II: Explanatory notes, Cambridge ^{4}1893.
T. Lucreti Cari de rerum natura libri sex, revisione del testo, comm. e studi introd. di C. Giussani, 4 voll., Turin 1896–1898.
Lucrèce, De la nature, texte établi par A. Ernout, comm. exégetique et crit. par A. Ernout et L. Robin, 3 voll., Paris 1920–1928.
Titi Lucreti Cari de rerum natura libri sex, ed. with prol., crit. app., transl. and comm. by C. Bailey, 3 voll., Oxford 1947.
T. Lucretius Carus, De rerum natura, rec. J. Martin, Leipzig ^{5}1963.
Titus Lucretius Carus, De rerum natura. Welt aus Atomen. Lateinisch und Deutsch, übers. u. mit einem Nachw. hrsg. v. K. Büchner, Stuttgart 1973.
Titi Lucreti Cari de rerum natura libri VI, hrsg. v. K. Müller, Zürich 1975.
Concordantia in Lucretium, von M. Wacht, Hildesheim/Zürich/New York 1991.
Lukrez, Von der Natur, übers. von H. Diels mit einer Einf. und Erl. von E. G. Schmidt, München 1991.
Diogenes of Oenoanda, The Fragments, transl. and comm. by C. W. Chilton, London/Oxford 1971.
Diogenes of Oinoanda, The Epicurean inscription, ed. with introd., transl., and notes by M. F. Smith, Neapel 1993.

Diogenes Laertios
Diogenis Laertii vitae philosophorum, ed. H. S. Long, Oxford 1964.
Diogenes Laertius, Lives of eminent philosophers, with an English translation by R. D. Hicks, Cambridge 1925 (u. ö.).
Diogenes Laertius, X. Buch: Epikur. Griechisch-deutsch, übers. v. O. Apelt, hrsg. m. Vorw., Einl. u. Anm. v. K. Reich u. G. Zekel, Hamburg 1968.
Laks, A., Edition critique et commentée de la „Vie d'Epicure" dans Diogéne Laerce (X, 1–34), in: Études sur l'épicurisme antique, ed. par J. Bollacks/A. Laks, Lille 1976.

Diogenes Laertius, Leben und Meinungen berühmter Philosophen, übers. v. O. Apelt, hrsg. m. Vorw., Einl. u. Anm. v. K. Reich u. G. Zekel, Hamburg ²1967.

Zu den Ausgaben der Papyri

Mette, H. J., Epikuros 1963–1978, Lustrum 21, 1978, 45–116.

–, Nachtrag zu Lustrum 21, 45–116, Lustrum 22, 1979–80, 109–114.

–, Epikuros 1980–1983, Lustrum 26, 1984, 5–6.

McIlwaine, I. C., Herculaneum. A guide to printed sources, Neapel 1988. – Supplement, in: Cronache Ercolanesi 20, 1990, 87–128.

Franchi dell'Orto, L. (Hrsg.), Ercolano 1738–1988. 250 anni di ricerca archeologica, Rom 1993.

Sekundärliteratur

Das Schwergewicht liegt auf der jüngeren Literatur.

Epikur und Epikureer

Angeli, A., L'esatezza scientifica in Epicuro e Filodemo, Cronache ercolanesi 15, 1985, 63–84.

Annas, J., Hellenistic philosophy of mind, Berkeley/Los Angeles/Oxford 1992.

Arrighetti, G., Sul valore di *epilogizomai*, *epilogismos*, *epilogisis* nel sistema epicureo, La parola del passato 7, 1952, 119–144.

–, Sul problema dei tipi divini nell'epicureismo, La parola del passato 10, 1955, 404–415.

Asmis, E., The Epicurean theory of free will and its origin in Aristotle, Diss. Yale Univ. 1970.

–, Epicurus' scientific method (Cornell studies in classical philology 42), Ithaca N. Y. 1984.

Avotins, I., On some Epicurean and Lucretian arguments for the infinity of the universe, Class. quarterly 77, 1983, 421–427.

Bailey, C., The greek atomists and Epicurus, Oxford 1928 (Repr. New York 1964).

Bartling, H. M., Epikur. Theorie der Lebenskunst, Cuxhaven 1994.

Baudy, G. J., Metaphorik der Erfüllung. Nahrung als Hintergrundsmodell in der griechischen Ethik bis Epikur, Archiv f. Begriffsgesch. 25, 1981, 7–68.

Bignone, E., L'Aristotele perduto e la formazione filosofica di Epicuro, Florenz 1936, ²1973.

Bollack, J./Laks, A. (Hrsg.), Études sur l'épicurisme antique (Cahiers de philologie 1), Lille 1976.

Bonelli, G., Aporie etiche in Epicuro, Brüssel 1979.

Boyancé, P., Lucrèce et l'épicurisme, Paris 1963.

–, Épicure, Paris 1969.

Brescia, C., La *philia* in Epicuro, Giorn. ital. di filol. 8, 1955, 314–332.
Brunschwig, J., The craddle argument in Epicureanism and Stoicism, in: M. Schofield/Gisela Striker (Hrsg.), The norms of nature, Cambridge 1986.
– /Nussbaum, Martha (Hrsg.), Passions and perceptions. Studies in Hellenistic philosophy of mind, Cambridge 1993.
Capasso, M., Communità senza rivolta. Quattro saggi sull'epicureismo, con una premessa di M. Gigante, Napoli 1987.
Castner, Catherine J., Prosopography of Roman Epicureans between the 2nd century B. C. and the 2nd century A. D., Frankfurt a. M. 1988.
Clarke, M. L., The garden of Epicurus, Phoenix 27, 1973, 386–387.
Clay, D., Lucretius and Epicurus, Ithaca N. Y. 1983.
De Falco, V., L'epicureo Demetrio Lacone, Neapel 1923.
De Lacy, Ph. H., Epicurean *epilogismos*, Amer. journ. of philol. 79, 1958, 179–183.
–, Limit and variation in the Epicurean philosophy, Phoenix 23, 1969, 104–113.
Detel, W., *Aisthêsis* und *logismos*. Zwei Probleme der epikureischen Methodologie, Arch. f. Gesch. d. Philos. 57, 1975, 21–35.
De Witt, N. W., Epicurus and his philosophy, Minneapolis 1954.
Diano, C., Scritti epicurei, Florenz 1974.
Duvernoy, J.-F., Epicure: la construction de la félicité, Bruxelles 2005.
Earle, W. J., Epicurus: Live hidden, Philosophy 63, 1988, 93–104.
Echeverria, J., Epicuro. El pensar del morir, Dialogos 21, 1986, n. 48, 7–25.
Englert, W., Epicurus on the swerve and voluntary action, Decature/Ga. 1987.
Erler, M., Epikur – Die Schule Epikurs – Lukrez, in: H. Flashar (Hrsg.), Die Philosophie der Antike, Bd. 4: Die hellenistische Philosophie (Grundr. d. Gesch. d. Philos., begr. v. F. Überweg, völlig neu bearb. Ausg.), Basel 1994, 29–490.
Escoubas, E., Ascétisme stoicien et ascétisme épicurien, Les études philos. 22, 1967, 163–172.
Everson, S., Epicurus on the truth of the senses, in: Ders. (Hrsg.), Epistemology, Cambridge 1990, 161–183.
Furley, D., Lucretius and the Stoics, Bull. of the inst. of class. stud. of the univ. of London 13, 1966, 13–33.
–, Two studies in the greek atomists, Princeton 1967.
–, Knowledge of atoms and void in Epicureanism, in: J. P. Anton/G. L. Kustas (Hrsg.), Essays in ancient greek philosophy, Albany 1971.
–, Nothing to us?, in: M. Schofield/Gisela Striker (Hrsg.), The norms of nature, Cambridge 1986, 75–91.
García Calvo, A., Para la interpretación de la carta a Herodoto de Epicuro, Emerita 40, 1972, 69–140.
García Gual, C./Acosta Méndez, E., Etica de Epicuro. La génesis de una moral utilitaria, Barcelona 1974.

Gemelli, B., L'amizia in Epicuro, Sandalion 4, 1978, 59–72.
Giannantoni, G., Il piacere cinetico nell'etica epicurea, Elenchos 5, 1984, 25–44 (auch als: Le plaisir cinétique dans l'éthique d'Épicure, in: Histoire et structure, A la mémoire de Victor Goldschmidt. Études réunies par Jacques Brunschwig, Claude Imbert et Alain Roger, Paris 1985).
Gigante, M., Filodemo e l'autore dell'etica Comparetti, in: Epicurea in memoriam Hectoris Bignone. Miscellanea philologica, Genua 1959.
–, Ricerche filodemee, Neapel 1969.
–, Scetticismo e epicureismo. Per l'avviamento di un discorso storiografico, Neapel 1981.
–, Cinismo e epicureismo, Neapel 1992.
Glidden, D. K., The Epicurean theory of knowledge, Diss. Princeton Univ. 1971.
–, Epicurean prolepsis, Oxford stud. in anc. philos. 3, 1985, 175–217.
Goldschmidt, V., Remarques sur l'origine épicurienne de la prénotion, in: Brunschwig, J. (Hrsg.), Les stoïciens et leur logique, Paris 1978, 155–169.
–, La doctrine d'Epicure et le droit, Paris 1977.
Gosling, J. C. B./Taylor, C. C. W., The greeks on pleasure, Oxford 1982.
Gulley, N., Lucretius on free will, Symbolae Osloenses 65, 1990, 37–52.
Heidsieck, F., Épicure: Un langage pour la sagesse, in: Pratiques de langage dans l'antiquité, Cahiers du groupe de rech. sur la philos. et le langage V, Grenoble 1985, 77–97.
Held, K., Entpolitisierte Verwirklichung des Glücks. Epikurs Brief an Menoikeus, in: P. Engelhardt (Hrsg.), Glück und geglücktes Leben. Philosophische und theologische Untersuchungen zur Bestimmung des Lebensziels, Mainz 1985, 77–127.
Hibler, R. W., Happiness through tranquillity. The school of Epicurus, Washington D. C. 1984.
Hochkeppel, W., War Epikur ein Epikureer? Aktuelle Weisheitslehren der Antike, München 1986.
Horn, Ch., Antike Lebenskunst. Glück und Moral von Sokrates bis zu den Neuplatonikern, München 1998.
Hossenfelder, M., Die Philosophie der Antike 3. Stoa, Epikureismus und Skepsis (Geschichte der Philosophie, hrsg. v. W. Röd, Bd. III), München 1985.
–, Epicurus – hedonist malgré lui, in: M. Schofield/Gisela Striker (Hrsg.), The norms of nature, Cambridge 1986, 245–263.
–, Die Sprachtheorie der Epikureer, in: Geschichte der Sprachtheorie, hrsg. v. P. Schmitter, Bd. 2: Sprachtheorien der abendländischen Antike, Tübingen 1991, 217–237.
–, Philosophie als Lehre vom glücklichen Leben. Antiker und neuzeitlicher Glücksbegriff, in: Alfred Bellebaum (Hrsg.), Glück und Zufriedenheit. Ein Symposion, Opladen 1992, 13–31.

–, Die Rolle des Glücksbegriffs in der Moralphilosophie. Das Vorbild der Antike, in: Glück und Ethik, hrsg. v. J. Schummer, Würzburg 1998, 169–187.
–, Hellenismus – Glück durch inneren Frieden, in: F. Gniffke/N. Herold (Hrsg.), Klassische Fragen der Philosophiegeschichte I: Antike bis Renaissance (Münsteraner Einführungen – Philosophie –, Bd. 3.1), Münster 2002, 91–113.
Huby, P., The Epicureans, animals and freewill, Apeiron 3, 1969, 17–19.
Inwood, B., The origin of Epicurus'concept of void, Class. Philology 1981, 273–285.
Isnardi Parente, M., Epicuro fra empirismo e apriorismo, La cultura (Rom) 23, 1985, 63–84.
Jaeckel, S., Philosophisch orientierte Ansätze einer Sprachtheorie bei Epikur, Arctos 22, 1988, 43–57.
Jürss, F., Die epikureische Erkenntnistheorie (Schriften zur Geschichte und Kultur der Antike 33), Berlin 1991.
Kleve, K., Gnosis Theon. Die Lehre von der natürlichen Gotteserkenntnis in der epikureischen Theologie (Symbolae Osloenses, Suppl. 19), Oslo 1963.
Konstan, D., Some aspects of Epicurean psychology, Leiden 1973.
–, Problems in Epicurean physics, Isis 1979, 394–418.
Krämer, H. J., Platonismus und hellenistische Philosophie. Berlin/New York 1971.
–, Die Grundlegung des Freiheitsbegriffs in der Antike, in: J. Simon (Hrsg.), Freiheit. Theoretische und praktische Aspekte des Problems, Freiburg/München 1977, 239–270.
Lemke, D., Die Theologie Epikurs. Versuch einer Rekonstruktion, München 1973.
Long, A. A., Aisthesis, prolepsis and linguistic theory in Epicurus, Bull. of the inst. of class. stud. 18, 1971, 114–133.
–, Hellenistic philosophy. Stoics, Epicureans, sceptics, London 1974, ²1986.
–, Chance and natural law in Epicureanism, Phronesis 22, 1977, 63–88.
Ludwig, H., Materialismus und Metaphysik. Studien zur epikureischen Philosophie bei T. Lucretius Carus, Köln 1976.
Manolidis, G., Die Rolle der Physiologie in der Philosophie Epikurs (Monographien zur philosophischen Forschung 241), Frankfurt a. M. 1987.
–, Epikurs Stellungnahme zur Aristotelischen Hedone-Diskussion in der Nikomachischen Ethik, Zeitschrift für philosophische Forschung 45, 1991, 530–544.
Mansfeld, J., Aspects of Epicurean theology, Mnemosyne 46, 1993, 172–210.
Manuwald, A., Die Prolepsis-Lehre Epikurs, Bonn 1972.
Mitsis, P., Epicurus on friendship and altruism, Oxford stud. in anc. philos. 5, 1987, 127–153.

–, Epicurus' ethical theory. The pleasures of invulnerability, Ithaca/London 1988.
Moreau, J., Epicure et la physique des dieux, Rev. des études anc. 70, 1968, 286–294.
–, Le mécanisme épicurien et l'ordre de la nature, Etudes philos. 1975, 467–486.
Mühll, P. von der, Zum Wortlaut der zehnten der *Kyriai Doxai* Epikurs, Museum Helveticum 22, 1965, 229 ff.
Müller, G., Die Darstellung der Kinetik bei Lukrez, Berlin 1959.
Müller, R., Die epikureische Gesellschaftstheorie, Berlin 1972.
–, Die epikureische Ethik (Schriften zur Geschichte und Kultur der Antike 32), Berlin 1991.
Nichols, H. J., Epicurean political philosophy. A Study of the De rerum natura of Lucretius, Ithaca N. Y. 1976.
Nussbaum, M., Mortal immortals. Lucretius on death and the voice of Nature, Philosophy and Phenomenological Research 50, 1989–1990, 303–351.
O'Keefe, T., Epicurus on freedom, Cambridge 2005.
Pacher, M. N. P., Cicero's presentation of Epicurean ethics. A study based primarily on De finibus 1 and 2, Diss. New York 1938.
Pasquali, A., La moral de Epicuro, Caracas 1970.
Pesce, D., Saggio su Epicuro, Bari 1974.
Philippson, R., Die Quelle der epikureischen Götterlehre in Ciceros erstem Buche De natura deorum, Symbolae Osloenses 19, 1939, 15–40 (Neudruck in: R. Philippson, Studien zu Epikur und den Epikureern, im Anschluß an W. Schmid hrsg. v. C. J. Classen, Hildesheim 1983).
Pigeaud, J., Épicure et Lucrèce et l'origine du langage, Rev. des études latines 61, 1983, 122–144.
Pope, M., Epicureanism and the atomic swerve, Symbolae Osloenses 61, 1986, 77–97.
Renaut, A., Épicure et le problème de l'être. Sur le statut ontologique des prédicats. Essai de lecture de la Lettre à Hérodote 68, 7–71, Études philos. 1975, 435–465.
Rist, J. M., Epicurus. An introduction, Cambridge 1972.
Rodis-Lewis, Geneviève, Épicure et son école, Paris 1975.
–, Nature et civilisation dans l'épicurisme, Études philos. 1975, 415–433.
Rosenbaum, S. E., The symmetry argument. Lucretius against the fear of death, Philosophy and Phenomenological Research 50, 1989–1990, 353–373.
–, Epicurus on pleasure and the complete life, The Monist 73, 1990, 21–41.
Sallmann, K. G., Die Natur bei Lukrez. Natura und Naturbegriff, Bonn 1961.
Schmid, W., Götter und Menschen in der Theologie Epikurs, Rheinisches Museum NF 94, 1951, 97–156.
–, Epikur, Reallexikon f. Ant. u. Christentum, Bd. 5, Stuttgart 1962, 681–819.

Schmidt, J., Lukrez, der Kepos und die Stoiker. Untersuchungen der Schule Epikurs und an den Quellen von De rerum natura (Studien zur klassischen Philologie 53), Frankfurt a. M. u. a. 1990.
Silvestre, M., Democrito e Epicuro. Il senso di una polemica (Skepsis 3), Neapel 1985.
Sprute, J., Vertragstheoretische Ansätze in der antiken Rechts- und Staatsphilosophie. Die Konzeptionen der Sophisten und der Epikureer, Nachr. d. Akad. d. Wiss. in Göttingen, I. Philol.-Hist. Klasse, Jg. 1989, Nr. 2.
Steckel, H., Epikuros, in: Realencyclopädie der Classischen Altertumswissenschaft, Suppl. 11, Stuttgart 1968, Sp. 579 ff.
Stehle, E. M., The unity of physics and ethics in Lucretius, Cincinnati 1971.
Striker, G., Epicurean hedonism in passions and perceptions, New York 1993.
Strozier, R. M., Epicurus and hellenistic philosophy, Washington D. C. 1985.
Syzêtêsis. Studi sull'epicureismo greco e romano offerti a Marcello Gigante, 2 Bde. (Biblioteca della parola del passato), Neapel 1983.
Tsinorema, V., The concept of pleasure in Epicurus' moral philosophy, Diotima 13, 1985, 147–155.
Van der Waerdt, P. A., The justice of the Epicurean wise man, Class. quarterly 81, 1987, 402–422.
Vlastos, G., Minimal Parts in Epicurean atomism, Isis 52, 1965, 121–147.
Voelke, A.-J., Droit de la nature et nature du droit. Calliclès, Épicure, Carnéade, Rev. philos. de la France et de l'étranger 1982, 267–275.
Vuillemin, J., Intuitionisme et „critères" épicuriens, in: Histoire et structure. A la mémoire de Victor Goldschmidt. Études réunies par Jacques Brunschwig, Claude Imbert et Alain Roger, Paris 1985.
Warren, J., Epicurus and Democritean ethics. An archaeology of ataraxia, Cambridge 2002.
Zacher, K. D., Zur Lustlehre Epikurs, Würzburger Jahrb. f. d. Altertumswiss. 11, 1985, 63–72.

Nachwirkung
Alberti, A., Gassendi e l'atomismo epicureo, Florenz 1981.
–, Atomo e „materia prima" nell' epicureismo di Gassendi, Studi filos. 4, 1981, 95–126.
–, Temi epicurei nella gnoseologia di Hume, Annali dell'istituto di filos. Firenze 5 ,1983, 211–242.
–, Sensazione e realtà: Epicuro e Gassendi, Florenz 1988.
Alfonsi, L., L'epicureismo nella storia spirituale di Virgilio, in: Epicurea in memoriam Hectoris Bignone. Miscellanea philologica, Genua 1959.
André, J. M., Sénèque et l'épicurisme. Ultime position, in: Association Guillaume Budé. Actes du VIIIe congrès 1968, Paris 1969, 469–480.
Anna, G. d', Alcuni aspetti de la polemica antiepicurea di Cicerone (Quaderni della riv. di cult. class. e mediev. 8), Rom 1965.

Aubenque, P., Kant et l'épicureisme, in: Association Guillaume Budé. Actes du VIIIe congrès 1968, Paris 1969, 293–303.
Avallone, R., Profilo umano di Mecenate. Antiquitas 8, 1953, 3–16 (Beziehung zum Epikureismus).
Barkuras, G., Nietzsche und Epikur, Diss. Kiel 1963.
Baronovitch, L., German idealism, greek materialism, and the young Karl Marx, Intern. philos. quarterly 24, 1984, 245–266.
Bartelink, G. J. M., Le thème du monde vieilli, Orpheus 4, 1983, 342–354.
Bergmann, J., Das Schicksal eines Namens: Epikur, Monatsschr. f. d. Gesch. u. Wiss. d. Judentums 86, 1937, 210–218 („Epikur" im Humanismus).
Bloch, O. R., La philosophie de Gassendi. Nominalisme, matérialisme et métaphysique, La Haye 1971.
Boerwinkel, E. J., Burgerschap en individuele autonomie. Epicurus en epicurisme in het oordeel van Lucretius en Cicero, Amsterdam/Paris 1956.
Boon, J. P., Montaigne et Epicure. Aspects de l'hédonisme dans les essais, Comparative literature 20, 1968, 64–68.
Bornmann, F., Nietzsches Epikur, Nietzsche-Studien 13, 1984, 177–188.
Bourne, F. C., Caesar the Epicurean, Class. world 70, 1977, 417–432.
Boyancé, P., Épicure et Sartre, Revue philos. 143, 1953, 426–431.
–, L'épicurisme dans la société et la littérature romaines, Bull. de l'association G. Budé 1960, 499–516.
Boyer, A., Kant et Epicure: le corps, l'âme, l'esprit, Paris 2004.
Branham, B., The comic as critic: revenging Epicurus. A study of Lucian's art of comic narrative, Class. Antiquity 3, 1984, 143–163.
Brown, E., Epicurus and voluptas in late antiquity. The curious testimony of Martianus Capella, Traditio 38, 1982, 75–106.
Brun, J., Épicurisme et structuralisme, in: Association Guillaume Budé. Actes du VIIIe congrès 1968, Paris 1969, 354–360.
Buechner, K., Horace et Épicure, in: Association Guillaume Budé. Actes du VIIIe congrès 1968, Paris 1969, 457–469.
Campese, L., Seneca e l'epicureismo, Benevent 1960.
Campos, J., Por qué fue Cicerón antiepicureo, Helmantica 9, 1958, 415–423.
Castelli, G., Echi lucreziani nelle ecloghe virgiliane, Riv. di studi class. 14, 1966, 313–342.
Davies, M. C., Cosma Raimondi's defence of Epicurus, Rinascimento 27, 1987, 123–139.
Delcourt, M./Derwa, M., Trois aspects humanistes de l'épicurisme chretien, Colloquium erasmianum. Mons centre universitaire de l'état 1968, 119–133.
Dessi, A., Elementi epicurei in Clemente Alessandrino. Alcune considerazioni, Athenaeum 60, 1982, 402–435.
Detel, W., Die Einführung atomistischer Grundsätze bei Gassendi und Epikur, Philosophia naturalis 16, 1976, 167–190.
–, Scientia rerum natura occultarum. Methodologische Studien zur Physik Pierre Gassendis, Berlin/New York 1978.

De Witt, N. W., St. Paul and Epicurus, Minneapolis 1954.
Di Marco, M., Riflessi della polemica antiepicurea nei „Silli" di Timone, I.: Epicuro *grammodidaskalides*, Elenchos 3, 1982, 325–346; II. Epicuro, il porco e l'insaziabile vientre, Elenchos 4, 1983, 59–91.
Düsing, K., Kant und Epikur. Untersuchungen zum Problem der Grundlegung einer Ethik, Allg. Zeitschr. f. Philos. 1, 1976, 39–58.
Eckstein, P., Gemeinde, Brief und Heilsbotschaft: ein phänomenologischer Vergleich zwischen Paulus und Epikur, Freiburg im Breisgau 2004.
Erler, M. (Hrsg.), Epikureismus in der späten Republik und der Kaiserzeit. Mit Beitr. in franz. u. engl. Sprache, Stuttgart 2000.
Farrington, B., Vergil and Lucretius,. Acta classica 1, 1958, 45–50.
Ferguson, J., Sulpicius Lupercus Serbastus Junior, Classica et mediaevalia 19, 1958, 120–128 (epikureische Prägung).
–, Stoicism, Epicureanism and Christianity, Phrontisterion 3, 1964, 37–41.
Focher, F., Ipotesi su Cosma Raimondi, filosofo epicureo, in: Sapienza. Studi in onore di Domenico Pesce, Mailand 1985.
Fomaro, P., Dione Crisostomo, epicurei e Lucrezio, Latomus 41, 1982, 285–304.
Fraisse, S., Montaigne et les doctrines épicuriennes, in: Association Guillaume Budé. Actes du VIIIe congrès 1968, Paris 1969, 677–685.
Frassinetti, P., Cicero e gli dei di Epicuro, Riv. di filol. e d'istruzione class. 32, 1954, 113–132.
Fussl, M., Epikureismus im Umkreis Caesars, in: Symmicta philologica salisburgensia Georgio Pfligersdorffer sexagenario oblata, a cura di J. Dalfen, K. Forstner, M. Fussl, W. Speyer, Rom 1980, 61–80.
Gambino Longo, S., Savoir de la nature et poésie des choses: Lucrèce et Épicure à la Renaissance italienne, Paris 2004.
Gargiulo, T., Aspetti politici della polemica antiepicurea di Cicerone in Laelius de amicitia, Elenchos 1, 1980, 292–332.
–, Epicureismo romano, in: *Syzêtêsis* (s. S. 162), Bd. 1, 635–648.
Garin, E., Ricerche sull'epicureismo del quattrocento, in: Epicurea in memoriam Hectoris Bignone. Miscellanea philologica, Genua 1959.
Gauna, M., Les épicuriens bibliques de la Renaissance, in: Association Guillaume Budé. Actes du VIIIe congrès 1968, Paris 1969, 685–695.
Gemelli, B., Il primo epicureismo romano ed il problema della sua diffusione, in: *Syzêtêsis* (s. S. 162), Bd. 1, 281–290.
Gennaro, S., Influssi di scrittori greci nel commento all' Ecclesiaste di Gregorio di Agrigento, Miscellanea di studi di letteratura christiana antica 3, 1951, 162–184.
–, Lucrezio e l'apologetica latina in Claudiano, Miscellanea di studi di letteratura christiana antica 7, 1957, 5–60.
Gigante, M., Virgilio sotto il Vesuvio, La parola del passato 36, 1981, 274–294 (Vergils Beziehung zu den Epikureern von Herculaneum).
–, La bibliothèque de Philodème et l'épicurisme romain, Paris 1987.

Giuffrè, V., L'agire sua causa, non civium. Osservazioni sulla volgarizzazione dell'epicureismo a Roma, Atti dell'accademia pontaniana (Neapel) 21, 1972, 161–204.
Giuffrida, P., L'epicureismo nella letteratura latina nel I secolo a.C., I: Esame e ricostruzione delle fonti. Filodemo, Turin 1941; II: Lucrezio e Catullo, Turin 1950.
Gori, G., Tradizione epicurea e convenzionalismo guiridico in Gassendi, Riv. crit di storia della filos. 33, 1978, 137–153.
Grenade, P., Le pseudo-épicurisme de Tacite, Rev. des études anc. 55, 1953, 36–57.
Grilli, A., Orazio e l'epicureismo (ovvero serm. 1, 3 ed. Epist. 1, 2), Helmantica 34, 1983, 267–292.
Grimal, P., L'épicurisme romain. Rapport, in: Association Guillaume Budé. Actes du VIIIe congrès 1968, Paris 1969, 139–168.
–, Quelques aspects épicuriens des Géorgiques, Journ. des Savants 1980, 51–66.
Guerlac, H., Newton et Épicure, Paris 1963.
Halperin, D. M., Solzhenitsyn, Epicurus, and the ethics of Stalinism, Crit. inquiry 7, 1981, n.3., 475–497.
Harig, G., Die philosophischen Grundlagen des medizinischen Systems des Asklepiades von Bithynien, Philologus 127, 1983, 43–60 (maßgeblicher Einfluß Epikurs).
Heilmann, W., „Wenn ich frei sein könnte für ein wirkliches Leben ...". Epikureisches bei Martial, Antike und Abendland 30, 1984, 47–61.
Hejnic, J., Zu den epikureisch-lukrezischen Nachklängen bei den böhmischen Humanisten, Listy Filologické (Prag) 90, 1967, 50–58.
Hermes, Th., Epikur in den Epistulae morales Senecas, Diss. Marburg 1951.
Hookway, C., The Epicurean argument. Determinism and scepticism, Inquiry 32, 1989, 79–94.
Howe, H. M., The gods and the garden: Vergilius, Vergilian soc. of America 6, 1960, 24–28.
Innocenti, P., Per una storia dell'epicureismo nei primi secoli dell'era volgare. Temi e problemi, Riv. crit. di storia della filos. 27, 1972, 123–147.
–, Luciano di Samosata e l'epicureismo, Riv. crit. di storia della filos. 33, 1978, 30–53.
Jaspers, K., Epikur, in: Ders., Aneignung und Polemik. Ges. Reden und Aufsätze z. Geschichte d. Philosophie, hrsg. v. H. Saner, München 1968, 43–62.
Jehasse, J., L'épicurisme et les grands humanistes sous Henri III et Henri IV, in: Association Guillaume Rudé. Actes du VIIIe congrès 1968, Paris 1969, 696–698.
Jones, H., The Epicurean tradition, London/Ontario 1989.
Joukovsky, F., Quelques sources épicuriennes au XVIe siècle, Bibliothèque d'humanisme et renaissance 31, 1969, 7–25.
–, L'épicurisme poétique au XVIe siècle, in: Association Guillaume Budé. Actes du VIIIe congrès 1968, Paris 1969, 639–675.

Jungkuntz, R. P., Epicureanism and the Church Fathers, Diss. Wisconsin 1961 (Mikrofilm).
–, Fathers, heretics and Epicureans, Journ. of ecclesiastical history 17, 1966, 3–10.
Koopmanns, J. H., Epicurus en de televisie/Nielson, A. C., Lucretius en de film, Hermeneus 28, 1957, 169–171/27, 1956, 85–88 (Vorwegnahme des Prinzips der Kinematographie bei Epikur und Lukrez).
Kouznetsov, B., Einstein et Épicure, Diogène 81, 1973, 48–73.
Krämer, H. J., Epikur und die hedonistische Tradition, Gymnasium 87, 1980, 294–326.
Leanza, S., L'atteggiamento della più antica esegesi christiana dinanzi all'epicureismo ed edonismo di Qohelet, Orpheus 3, 1982, 73–90.
Lo Moro, F., Seneca ed Epicuro. Memoria e religione nel De Beneficiis, Studi urbinati di storia, filos. e letteratura 50, 1976, 257–280.
Longo Aurichio, F./Tepedino Guerra, A., Aspetti e problemi della dissidenza epicurea, Boll. del centro intern. per lo studio dei papiri ercolanesi 11, 1981, 25–40.
Maron, G., Martin Luther und Epikur. Ein Beitrag zum Verständnis des alten Luther, Berichte a. d. Sitz. d. Joachim-Jungius-Ges. d. Wiss. e. V. Hamburg 6, 1988, Heft 1.
Marwan, C., Die Wiederaufnahme der griechischen Atomistik durch Gassendi, 1935.
Maso, S., Il problema dell'epicureismo nell' epistola 33 di Seneca, Atti dell'istituto Veneto di scienze, lettere ed arti. Classe di scienze morale e lettere 138, 1979/80, 573–589.
Mazzeo, J. A., Dante and Epicurus, Comparative literature 10, 1958, 106–120.
Merlan, Ph., Epicureanism and Horace, Journ. of the history of ideas 10, 1949, 445–451.
Michael, E., Vegetarianism and virtue: On Gassendi's Epicurean defense, Between Species, 1991, 61–72.
Michel, A., Épicurisme et christianisme au temps de la renaissance. Quelques aspects de l'influence cicéronienne, Rev. des études latines 52, 1974, 356–383.
Miles, G. B., Vergil's Georgics. A new interpretation, Berkeley/Los Angeles 1980 (Eine Kritik dieser Studie – bezogen auf das Problem epikureischer Einflüsse bei Vergil – bietet A. Grilli, Adesione o cultura? Aspetti della filosofia nelle Bucoliche, Maia 35, 1983, 23–27).
Motto, A. C./Clark, J. R., Paradoxum Senecae. The Epicurean stoic, Class. world 62, 1968, 37–42.
Moya Fernández, E., Acerca de una ética epicureo-sartriana, Pensiamento 43, 1987, 37–51.
Mühll, P. von der, Basilius und der letzte Brief Epikurs, Museum Helveticum 12, 1955, 47–49.
Müller, R., Der Streit um Epikurs Naturphilosophie. Wandlungen des Epikurbildes von Hegel bis zur Gegenwart, Wiss. Zeitschr. d. F.-Schil-

ler-Univ. Jena. Gesellsch.- u. sprachwiss. Reihe 18, Bd. 4, 1969, 37–41.
Naumann, H., War Vergil Epikureer? Sileno 1, 1975, 245–257.
Niederlaender, H., Zur Herkunft der römischen Impensen-Dreiteilung, Zeitschr. d. Savigny-Stiftung f. Rechtsgeschichte (Romanistische Abteilung) 75, 1958, 201–219.
Oroz Reta, J., Virgile et l'épicurisme, in: Association Guillaume Budé. Actes du VIIIe congrès 1968, Paris 1969, 436–447.
Pacchi, A., Hobbes e l'epicureismo, Riv. crit. di storia della filos. 33, 1978, 54–71.
Paganini, G., Tra Epicuro e Stratone. Bayle e l'immagine di Epicuro dal sei al settecento, Riv. crit. di storia della filos. 33, 1978, 72–115.
– /Tortarolo, E. (Hrsg.), Der Garten und die Moderne: epikureische Moral und Politik vom Humanismus zur Aufklärung, Stuttgart 2004.
Pagliaro, A., La dottrina dell'analogia e i suoi precedenti, Ricerche linguistiche 4, 1958, 1–18.
Pagnoni, M. R., Prime note sulla tradizione medievale ed umanistica di Epicuro, Annali della scuola normale superiore di Pisa. Classe di lettere e filos. 4, 1974, 1443–1477.
Paoletta, Maria Pia, Alessi e l'epicureismo, Annali della facoltà di lettere e filos. Univ. di Napoli 26, 1983–1984, 19–31.
Paratore, E., L'epicureismo e la sua diffusione nel mondo latino, Rom 1960.
–, La problematica sull'epicureismo a Roma, in: Aufstieg und Niedergang der römischen Welt. Geschichte und Kultur Roms im Spiegel der neueren Forschung. Joseph Vogt zu seinem 75. Geburtstag gewidmet, hrsg. v. H. Temporini, Berlin 1973, Band I, 4, 116–204.
Pendzig, P., Die Ethik Gassendis und ihre Quellen, Bonn 1910.
Pirola, G., „In questo modo si compie l'antico detto di Epicuro …" (E. Bloch), Fenomenologia e società 9, 1986, n. 9, 115–126.
Pleister, W., War Schopenhauer ein epikureischer Weiser?, Schopenhauer-Jahrbuch 69, 1988, 361–372.
Popkin, R. H., Épicurisme et scepticisme au début du XVIIe siècle, in: Association Guillaume Budé. Actes du VIIIe congrès 1968, Paris 1969, 698–707.
Prufer, T., Two notes on nature (Epicureanism and Hobbes), Graduate faculty philosophy journ. (New York) 11, 1986, n. 2, 107–110.
Raith, O., Petronius ein Epikureer (Erlanger Beitr. z. Sprach- u. Kunstwiss. 14), Nürnberg 1963.
Reckford, K. J., Horace. Augustan and Epicurean, Harvard studies in class. philol. 63, 1958, 524–526.
Rochot, B., Les travaux de Gassendi sur Épicure et sur l'atomisme 1619–1658, Paris 1944.
–, Espace et temps chez Épicure et Gassendi, in: Association Guillaume Budé. Actes du VIIIe congrès 1968, Paris 1969, 707–715.

Rostagni, A., La cultura letteraria di Napoli antica nelle sue fasi culminanti, La parola del passato 7, 1952, 344–357.

Schildhauer, H., Seneca und Epikur. Eine Studie zu ihrer Ethik und Weltanschauung, Diss. Greifswald 1932.

Schlumberger, D., De la pensée grecque à la pensée bouddhique, Comptes rendus de l'académie des inscriptions et belles-lettres 1972, 188–198 (u. a. zu Epikur).

Schmidt, E. G., Zu Karl Marx' Epikur-Studien, Philologus 113, 1969, 129–149.

Schottlaender, R., Epikureisches bei Seneca. Ein Ringen um den Sinn von Freude und Freundschaft, Philologus 99, 1955, 133–148.

Schuhl, P. M., Actualité de l'épicurisme, in: Association Guillaume Budé. Actes du VIIIe congrès 1968, Paris 1969, 45–53.

Schweizer, E., Die hellenistische Komponente im neutestamentlichen *sarx*-Begriff, Zeitschr. f. d. neutestamentliche Wiss. u. d. Kunde d. älteren Kirche 48, 1957, 237–253.

Sedley, D., Epicurus and the mathematicians of Cyzicus, Boll. del centro intern. per lo studio dei papiri ercolanesi 6, 1976, 23–54.

Simon, M., Epikureismus und Epikureertum. Das Fortleben philosophischer Ideen, in: E. C. Welskopf (Hrsg.), Hellenische Poleis, Bd. 4, Berlin 1974, 2017–2088 (Einfluß auf das Judentum).

Sordi, M., Christianesimo e cultura nell'impero romano, Vetera christianorum 18, 1981, 129–142 (u. a. zum Einfluß des Epikureismus).

Stückelberger, A., Lucretius reviviscens. Von der antiken zur modernen Atomphysik, Arch. f. Kulturgesch. 54, 1972, 1–25.

Temporini, Hildegard/Haase, W. (Hrsg.), Aufstieg und Niedergang der römischen Welt. Geschichte und Kultur Roms im Spiegel der neueren Forschung, Berlin/New York 1972 ff. Darin:

Paratore, E., La problematica sull'epicureismo a Roma, I, 4, 1973, 116–204.

Ferguson, J., Epicureanism under the Roman Empire, revised and supplemented by J. P. Hershbell, II 36, 4, 1990, 2257–2327.

Isnardi Parente, Margherita, Diogeniano, gli epicurei e la 'tyche', II 36, 4, 1990, 2424–2445.

Stückelberger, A., Die Atomistik in römischer Zeit. Rezeption und Verdrängung, II 36, 4, 1990, 2561–2580.

Hershbell, J. P., Plutarch and Epicureanism, II 36, 5, 1992, 3353–3383.

Gigante, M., Das zehnte Buch des Diogenes Laertios: Epikur und der Epikureismus, II 36, 6, 1992, 3793–4411.

Terptow, E., Aspekte zu Epikur, Lukács, Habermas, München 1978.

Tescari, O., In interiore homine habitat veritas, Latinitas 1, 1953, 276–278 (Augustinus-Epikur).

Tomek, R. S., Management by joy: Erfolg durch Freude – das Epikur-Prinzip. Die erste ganzheitliche Synergietechnik, Frankfurt a. M. 1991.

Toohey, P. G., The structure and function of Horace, Odes, 1.17, Illinois class. studies 7, 1982, 110–124.
Vegetti, M., La polemica di Galeno contro la medicina metodica, Siculorum Gymnasium 33, 1980, 427–435 (Einfluß des epikureischen Materialismus).
Warren, J., Facing death: Epicurus and his critics, Oxford 2004.
Zacher, K. D., Plutarchs Kritik an der Lustlehre Epikurs. Ein Kommentar zu „Non posse suaviter vivi secundum Epicurum“, Kap. 1–8, Königstein 1982.

2. Personenregister

3. Sachregister